全国技工院校公共课

物理习题册

与物理（第六版）配套

王金雨　主编

中国劳动社会保障出版社

简介

本习题册是全国技工院校公共课教材《物理（第六版）》的配套用书。

本习题册紧扣教学要求，内容编排依照教材的章节顺序。题型丰富，注重基础概念和基本思维方法的巩固与培养，突出相关计算和分析能力的锻炼，贴合职业教育需求。全书题目编排有较明显的难易梯度，便于教学。

本习题册由王金雨、王勇、金利俊、杨文龙、黄立刚编写，王金雨担任主编。

图书在版编目(CIP)数据

物理习题册：与物理（第六版）配套/王金雨主编. -- 北京：中国劳动社会保障出版社，2019

ISBN 978-7-5167-4183-2

Ⅰ.①物… Ⅱ.①王… Ⅲ.①物理课-技工学校-习题集 Ⅳ.①G634.75

中国版本图书馆 CIP 数据核字(2019)第 280306 号

中国劳动社会保障出版社出版发行

（北京市惠新东街 1 号　邮政编码：100029）

*

北京谊兴印刷有限公司印刷装订　新华书店经销

787 毫米×1092 毫米　16 开本　4.75 印张　110 千字

2019 年 12 月第 1 版　2023 年 5 月第 9 次印刷

定价：10.00 元

营销中心电话：400-606-6496

出版社网址：http://www.class.com.cn

http://jg.class.com.cn

目　录

第 1 章　怎样描述物体的运动

§1.1　走 近 运 动

一、填空题

1. 一个物体的运动，总是参考其他物体来说的。研究地面物体的运动，一般选____为参考系。而在研究太阳系中行星的运动时，则以选______作参考系为宜。

2. 一个篮球从 3 m 高的地方落下，碰撞地面后又反弹起 1 m，通过的路程是____m，该球经过一系列碰撞后，最终停在地面上，在整个运动过程中篮球的位移大小是____m。

3. 第 5 s 表示的时间间隔是______s，5 s 末和第 6 s 初表示的是____________，5 s 内和第 5 s 内表示的是______________（后两空填“时间”或“时刻”）。

4. 如图 1—1—1 所示，一辆汽车沿着马路由 A 地出发经 B、C 地到达 D 地，A、C、D 恰好在一条直线上，汽车的位移是______，路程是______。

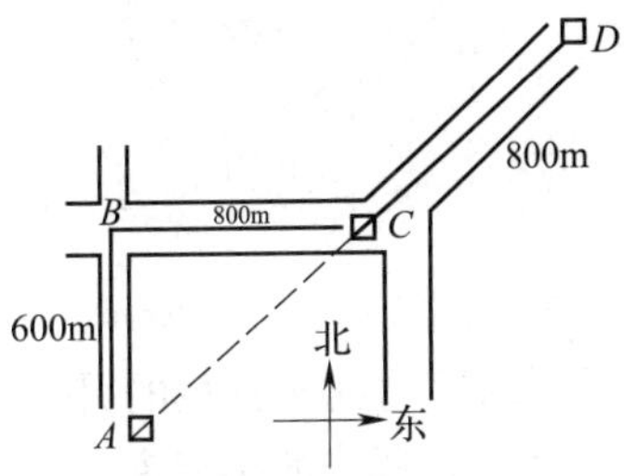

图 1—1—1

二、选择题

1. 关于参考系的选择，以下说法中正确的是（　　）。
   A. 参考系必须选择静止不动的物体
   B. 参考系必须选择运动的物体
   C. 参考系必须选择地面或者太阳
   D. 只要方便问题的研究，任何物体都可以被选作参考系

2. 下列说法中正确的是（　　）。
   A. 地球是质点
   B. 地球不是质点
   C. 在研究地球的公转时，可以把地球当做质点
   D. 在研究地面上的物体运动时，也可以把地球当做质点

3. 以下数据表示时刻的是（　　）。
   A. 第三节物理课 9：55 开始　　B. 我校的一节课是 40 分钟
   C. “五一”将放假 4 天　　D. 考试时间 90 分钟

4. 下面几种说法正确的是（　　）。
   A. 位移的大小一定小于路程　　B. 位移的大小一定大于路程
   C. 位移的大小一定等于路程　　D. 位移的大小可能等于或者小于路程

5. 一个质点沿两个半径为 R 的半圆弧由 A 运动到 C（图 1—1—2），则它的位移和路程分别为(　　)。

A. $4R$，$2\pi R$

B. $4R$ 向东，$2\pi R$ 向东

C. $4\pi R$ 向东，$4R$

D. $4R$ 向东，$2\pi R$

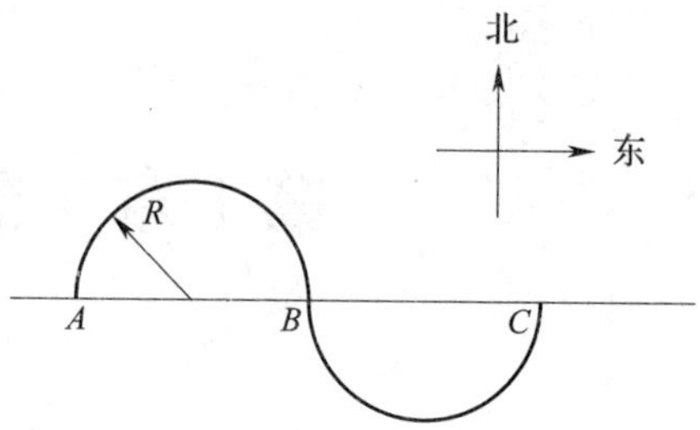

图 1—1—2

三、计算题

1. 某人在家门口散步，先向西走了 40 m，再向北走了 80 m，最后又向东走了 100 m，则这个人散步的总路程和位移各是多少？

2. 如图 1—1—3 所示，一质点沿半径为 R 米的圆周从一直径（图中虚线所示）的端点 A 沿圆周运动到该直径的另一端 B 点，则该质点运动的位移大小为________m，位移的方向________；通过的路程为________m。若该质点围绕圆周转动一周，其位移大小为________m。

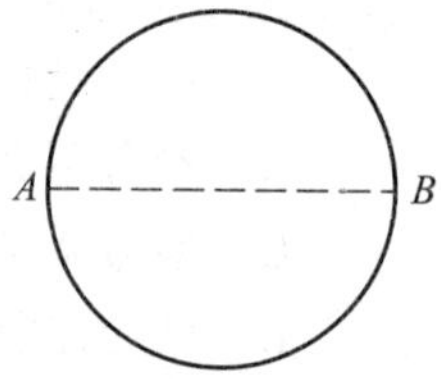

图 1—1—3

§1.2　怎样描述运动的快慢

一、填空题

1. 速度是表示运动______的物理量，它等于______跟发生这段______所用时间的比值。

2. 速度是矢量，它的方向就是物体的______方向，速度的大小在数值上等于单位时间内________的大小。物理学中，把速度的大小叫______。日常生活中提及的“速度”大多指的是______。

3. 某运动员在百米跑道上以 6 m/s 的速度跑了 60 m，然后又以 4 m/s 的速度走了 40 m，

这个运动员的平均速度为____________。

4. 汽车在北京长安街上行驶，时快时慢，20 min 行驶了 18 km。汽车的行驶速度是 54 km/h，指的是____________速度，公路上的速度限制牌限制的是汽车的____________速度。

二、选择题

1. 一学生在百米赛跑中，测得他在 50 m 处的瞬时速度为 6 m/s，16 s 末到达终点时的瞬时速度为 7.5 m/s，则它在全路内的平均速度是（　　）。

A. 6 m/s　　B. 6.25 m/s　　C. 6.75 m/s　　D. 7.0 m/s

2. 作变速直线运动的物体，若前一半时间的平均速度为 4 m/s，后一半时间的平均速度为 8 m/s，则全程的平均速度是（　　）。

A. 7 m/s　　B. 5 m/s　　C. 6 m/s　　D. 5.5 m/s

3. 下列速度中表示平均速度的是（　　）。

A. 子弹出枪口的速度是 800 m/s，以 790 m/s 的速度击中目标

B. 汽车从甲站行驶到乙站的速度是 40 km/h

C. 汽车通过站牌时的速度是 72 km/h

D. 小球第 3 s 末的速度是 6 m/s

4. 有四个在一直线上运动的物体，它们的速度分别为 10 m/s、54 km/h、−20 m/s 和 0.72 km/min，则其中速度最大的是（　　）。

A. 10 m/s　　B. 54 km/h　　C. −20 m/s　　D. 0.72 km/min

5. 下列说法中正确的是（　　）。

A. 速度越大的物体运动的路程也越长

B. 运动时间越长的物体，它的路程也越大

C. 100 m 赛跑，成绩越好的运动员跑得越快

D. 以上说法都不正确

6. 甲、乙两车作匀速直线运动的路程随时间变化的图线如图 1—2—1 所示，由此可知（　　）。

A. 甲车快　　B. 乙车走的路程多

C. 乙车快　　D. 甲车慢

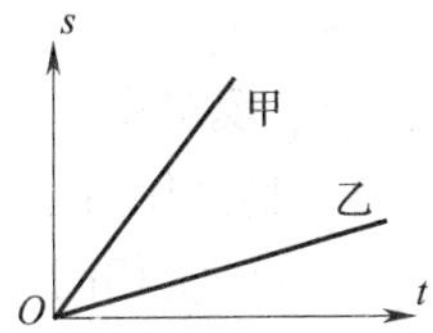

图 1—2—1

三、计算题

1. 一辆汽车刚起动时，第 1 s 内运动 2 m，第 2 s 内运动 4 m，第 3 s 内运动 6 m，求：

（1）汽车在前 2 s 内的平均速度。

（2）汽车在前 3 s 内的平均速度。

2. 汽车遇到意外情况时紧急停车要经历反应和制动两个过程，汽车在反应过程做匀速直线运动，在制动过程做变速直线运动，如图1—2—2所示。若汽车以20 m/s的速度在平直的公路上行驶，紧急停车时，在反应过程中，汽车行驶了14 m，制动过程中所用的时间为2.3 s。汽车在两个过程中通过的总距离为30 m。求：

（1）汽车在反应过程所用的时间；

（2）制动过程中的平均速度；

（3）紧急停车全程的平均速度。

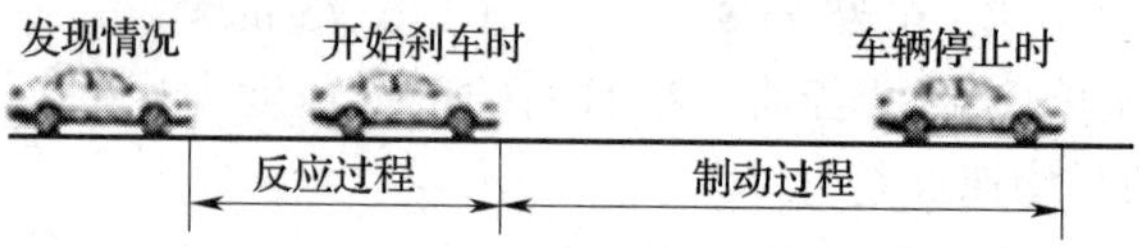

图1—2—2

§1.3 怎样描述速度变化的快慢

一、填空题

1. 物体作直线运动时，如果________保持不变，那么它在任意相等时间间隔内的速度________一定相同。我们把这样运动叫作匀变速直线运动。

2. 加速度是表示速度改变______的物理量，它的大小等于单位时间内速度______的大小。加速度既有________，又有______，它是一个____量。

3. 直线运动中，通常规定初速度方向为正方向。在匀加速度直线运动中，加速度方向与初速度方向________，加速度是____值；在匀减速直线运动中，加速度方向与初速度方向__________，加速度是______值。

4. 作匀变速直线运动的质点，在相等的时间内速度变化量越大，其加速度越________。

5. 一辆汽车从车站由静止开始缓慢加速行驶，出站后作匀速直线运动，遇到障碍物时，突然紧急刹车。在汽车运动过程中，速度最大的阶段是____________，加速度数值最大和最小的分别是____________和____________阶段。

二、选择题

1. 一个物体的加速度为零，则该物体一定是（　　）。

A. 静止不动　　　　B. 匀速直线运动

C. 静止或匀速直线运动　　　　　　　　D. 作速度大小不变的运动

2. 关于加速度，下列说法中正确的是（　　）。

A. 速度变化越大，加速度一定越大

B. 选取时间越短，加速度一定越大

C. 速度变化越快，加速度一定越大

D. 速度为零，加速度一定为零

3. 下列说法中正确的是（　　）。

A. 物体有加速度，速度就增加

B. 物体的速度变化越快，加速度就越大

C. 物体的速度变化量 Δv 越大，加速度就越大

D. 物体运动的加速度等于零，则物体一定静止

4. 下面叙述正确的是（　　）。

A. 加速度大小是由速度决定的

B. 加速度是速度的变化量

C. 加速度是描述速度变化大小的物理量

D. 加速度是描述速度变化快慢的物理量

5. 对于作匀变速直线运动的物体，下列说法不正确的是（　　）。

A. 若加速度方向和速度方向相同，由于加速度很小，物体的速度就会减小

B. 若加速度方向和速度方向相反，虽然加速度很大，但物体的速度会减小

C. 若存在加速度，物体的速度就会变化

D. 若物体作匀变速直线运动，速度一定均匀变化

三、计算题

1. 枪筒内的子弹作匀加速直线运动。从静止开始，经过 0.002 s 速度增加到 700 m/s，求子弹加速度大小。

2. 求下列物体的加速度：

（1）列车过桥后沿平直铁路加速行驶，经 3 min 速度从 54 km/h 提高到 180 km/h。

（2）一辆汽车以 108 km/h 的速度匀速行驶，遇到紧急情况刹车，经过 4 s 停下来。

（3）足球以 8 m/s 的速度飞来，运动员在 0.2 s 的时间内将足球以 12 m/s 的速度反向踢出。

3. 一物体从原点 O 由静止出发沿 x 轴作直线运动，为研究该物体的运动而记下它在各时刻的位置和速度，见下表。

t/s	0	1	2	3	4
x/m	0	1.5	3.5	5.5	6.5
v/（$\mathrm{m\cdot s^{-1}}$）	1	2	2	2	0

由此可求得该物体：

（1）在第 2 s 末的瞬时速度为多少？

（2）在第 1 s 内的加速度为多少？

（3）第 4 s 内的平均速度为多少？

第 2 章　伽利略与落体运动

§2.1　伽利略对落体运动的探索

一、填空题

1. 公元前 4 世纪，________伟大的思想家、哲学家____________认为：重的物体比轻的物体下落得快。在此后长达近______年的时间里，亚里士多德的论断一直为人们所信奉。

2. 16 世纪末，______物理学家伽利略用一个详谬将亚里士多德的论断彻底推翻了。伽利略推断：如果能够排除________的影响，那么轻重物体下落快慢是完全______的。

3. 伽利略对落体运动的研究思路概括如下：首先对问题提出______，运用数学______，再通过______验证，最后得出结论。

二、问答题

1. 观察并指出以下（图 2—1—1）物理情景中物体相似的运动特点。

图 2—1—1

2. 现实生活中，不同的物体从同一高度下落，下落快慢却不尽相同，你知道其中的道理吗？

3. 如图2—1—2所示是阿波罗登月实验：1971年，阿波罗飞船登上无大气层的月球后，宇航员专门做了使羽毛和重锤从同一高度同时释放的实验。无数观众从荧屏上看到，它们并排下落，同时落到月球表面。通过这一现象，你能得出什么结论？

图2—1—2

§2.2 自由落体运动

一、填空题

1. 物理学中，把物体只在________作用下从________开始下落的运动，叫作自由落体运动。自由落体运动的加速度叫作__________，用 g 来表示，它的大小约为____m/s^2，方向__________。

2. 从高 h 处自由下落的物体，落到地面所用的时间 $t=$ ______________，落地时的速度 $v=$ ____________。

3. 石子从井口自由落入井中，2 s后听到石子击水的声音，那么水面距井口的距离是__________m，石子击水的速度是__________m/s（忽略声音传播的时间）。

4. 一位观察者测出，悬崖跳水者碰到水面前在空中下落了3 s。如果不考虑空气阻力，悬崖的高度为____。实际上是有空气阻力的，因此，实际高度比计算值______（填“大些”或“小些”）。

二、选择题

1. 一个铁钉与一个棉花团同时从同一高度下落，总是铁钉先着地，这是因为（　　）。

A. 铁钉比棉花重

B. 铁钉的密度比棉花团的密度大

C. 如果换一个和铁钉体积一样大的棉花线，则会同时落地

D. 棉花团受到的空气阻力较大

2. 甲物体的重力是乙物体的3倍，它们在同一高度同时自由下落，则下列说法中正确的是（　　）。

A. 甲比乙先着地　　B. 甲比乙的加速度大

C. 甲、乙同时着地　　D. 无法确定谁先着地

3. 物体作自由落体运动，则第2 s内的速度变化量比第1 s内的速度变化量（　　）。

A. 大　　B. 相等　　C. 小　　D. 无法比较

4. 如图 2—2—1 中所示的各图像能正确反映自由落体运动过程的是（　　）。

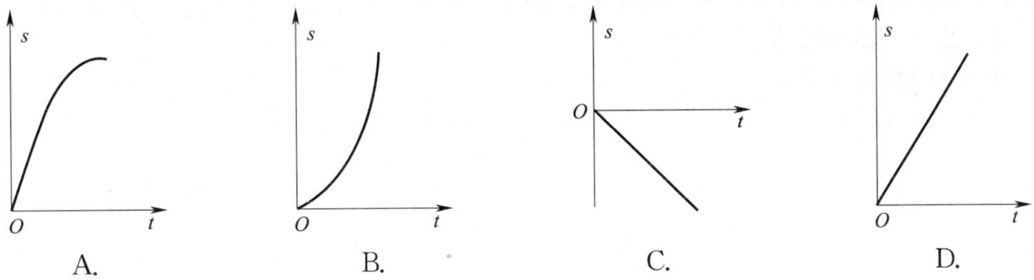

图 2—2—1

5. 甲物体的质量比乙物体大 5 倍，甲从 H 高处自由落下，乙从 $2H$ 高处与甲物体同时自由落下，在它们落地之前，下列说法中正确的是（　　）。

A. 两物体下落过程中，在同一时刻甲的速度比乙的速度大

B. 下落 1 s 末，它们的速度相同

C. 各自下落 1 m 时，乙的速度大

D. 下落过程中甲的加速度比乙的加速度大

三、计算题

1. 一物体从某高度处自由落下，到达地面时的速度是 29.4 m/s，它下落的时间是多少？开始下落处距地面多高？

2. 一个物体从高 20 m 处自由落下，其时间达到落地时间一半时，下落的高度为多少？

3．某高楼竣工后，工人在清扫过程中不慎使一颗石子从顶楼落下，4 s 后石子落地。忽略石子的初速度和下落过程中空气的阻力，g 取 10 m/s²，求：

（1）此石子落地时的速度多大？

（2）这幢楼房有多高？

§2.3　匀变速直线运动

一、填空题

1．匀变速直线运动的速度公式为____________，位移公式为______________。

2．物体的初速度为 1 m/s，以 2 m/s² 的加速度作匀加速直线运动，经过 2.5 s，物体的位移为____________，此时速度为____________。

3．如图 2—3—1 所示表示物体作直线运动的速度图像。由图像可知，物体在前 4 s 内作__________运动，加速度是________ m/s²；第 4 s 初到第 8 s 初，物体作________运动，速度是________ m/s，加速度是________ m/s²；第 9 s 内物体作________运动，加速度是________ m/s²，第 9 s 末的速度是________ m/s。

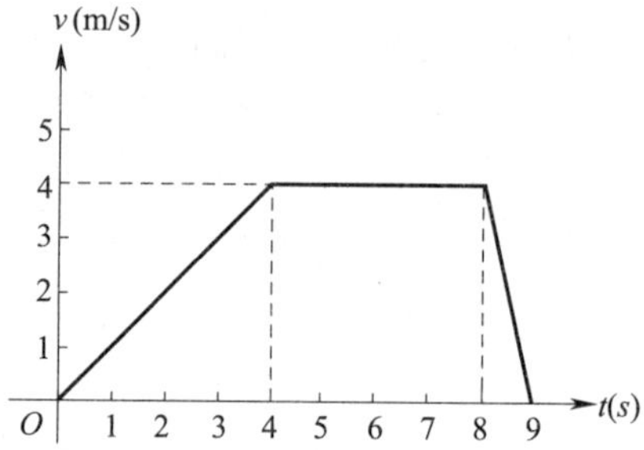

图 2—3—1

二、选择题

1．一质点作直线运动，$t=t_0$ 时，$s>0$，$v>0$，$a>0$，此后 a 逐渐减小至零，则以下说法中错误的是（　　）。

A．速度的变化越来越慢　　B．速度逐步减小

C．位移继续增大　　D．位移、速度始终为正值

2．以下说法中正确的是（　　）。

A．作匀减速直线运动的物体，其位移一定越来越小

B．作匀减速直线运动的物体，其速度变化越来越慢

C．作匀加速直线运动的物体，其位移一定越来越大

D．作匀加速直线运动的物体，其速度变化越来越快

3．两物体都作匀变速直线运动，在相同的时间内，以下判断正确的是（　　）。

A．谁的加速度大，谁的位移一定大

B．谁的初速度越大，谁的位移一定越大

C．谁的末速度越大，谁的位移一定越大

D. 谁的平均速度越大，谁的位移一定越大

4. 假设未来的某一天，宇航员在距火星表面 18 m 处由静止释放一重物，测得重物经过 3 s 落到火星表面，则下列说法正确的是（　　）。

A. 火星表面的重力加速度大小为 4 m/s^2

B. 重物落地时的速度大小为 8 m/s

C. 重物落地前的 1 s 内位移大小为 8 m

D. 重物下落过程中，任意相邻 1 s 内的位移之差为 2 m

5. 如图 2—3—2 所示是甲、乙两物体的 $v-t$ 图像，由图可知以下正确的是（　　）。

A. 甲作匀加速运动，乙作匀减速运动

B. 甲、乙两物体相向运动

C. 乙比甲晚 1 s 出发

D. 5 s 末两物体相遇

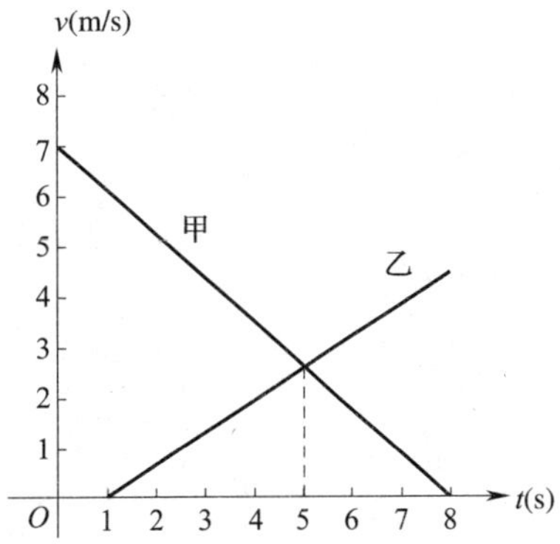

图 2—3—2

三、计算题

1. 汽车以 10 m/s 的速度开始下坡，在下坡路上的加速度为 0.2 m/s^2，行驶到坡底，速度增加到 12 m/s，求汽车经过这段下坡路所用的时间及位移的大小。

2. 以 18 m/s 的速度行驶的汽车，紧急刹车后作匀减速直线运动，其加速度大小为 6 m/s^2。求：

（1）汽车在 2 s 内通过的距离。

（2）汽车在 6 s 内通过的距离。

3. 我国自主生产的大飞机 C919 首飞成功，这标志着我国民用航空领域的一次重大跨越。若该飞机在起飞前沿平直跑道做初速度为零的匀加速直线运动，加速度大小为 4 m/s^2，速度达到 80 m/s 时起飞，求：

（1）飞机滑行的时间；

（2）飞机滑行的距离。

第 3 章　力与物体的相互作用

§3.1　牛顿第三定律

一、填空题

1. 两个物体间的作用力和反作用力总是大小____________，方向____________，作用在____________，这就是____________。

2. 两个人分别用 10 N 的力拉弹簧秤的两端，弹簧秤的读数为____________N。

3. 浮在水面上的木块所受重力的反作用力为__________________，方向___________；木块所受浮力的反作用力为_______________，方向_______________。

4. 如图 3—1—1 所示，把两个弹簧测力计 A 和 B 联结在一起，用手拉弹簧 A. 结果发现，两个弹簧测力计的示数___________. 改变手拉弹簧的力，弹簧测力计的示数也都___________，但两个示数__________，这说明作用力和反作用力大小__________，方向反。

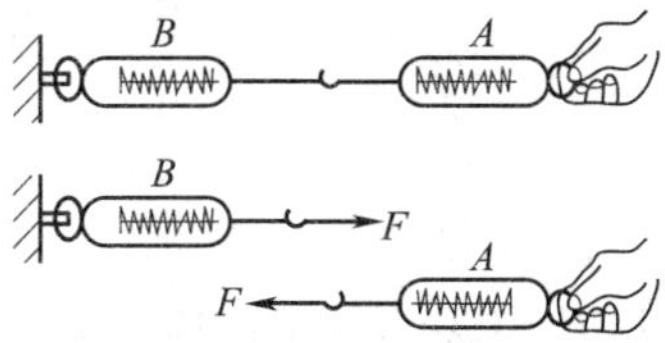

图 3—1—1

二、选择题

1. 以下说法正确的是（　　）。
   A. 地球吸引物体的力大于物体吸引地球的力
   B. 以卵击石，石头没损伤而鸡蛋破了，这是因为鸡蛋对石头的力小于石头对鸡蛋的力
   C. 跳高运动员跳高时，地面对运动员的支持力大于运动员对地面的压力
   D. 作用力和反作用力是性质相同的力

2. 木块沿着斜面匀速下滑，它所受的力为（　　）。
   A. 重力、支持力　　　　B. 重力、下滑力、支持力
   C. 重力、摩擦力　　　　D. 重力、支持力、摩擦力

3. 下列的各对力中，是相互作用力的为（　　）。
   A. 悬绳对电灯的拉力和电灯的重力
   B. 电灯拉悬绳的力和悬绳拉电灯的力
   C. 悬绳拉天花板的力和电灯拉悬绳的力
   D. 悬绳拉天花板的力和电灯的重力

4. 下列关于两个物体间作用力与反作用力的说法中，正确的是（　　）。
   A. 有作用力才有反作用力，因此，先有作用力后产生反作用力
   B. 只有两个物体处于平衡状态中，作用力与反作用力才大小相等
   C. 作用力与反作用力只存在于相互接触的两个物体之间
   D. 作用力与反作用力的性质一定相同

5. 关于牛顿第三定律，以下说法中正确的是（　　）。

A. 作用力与反作用力作用在同一物体上

B. 作用力与反作用力的大小相等，方向相同，作用在不同物体上

C. 作用力与反作用力大小相等，方向相反，因此，作用效果可以相互抵消

D. 作用力与反作用力一定作用在不同的物体上，且二力的性质一定是相同的

三、计算题

1. 细绳上端固定在天花板上，下端悬挂一个电灯，如图 3—1—2 所示。这时有几对作用力和反作用力？哪两个力是电灯受到的平衡力？

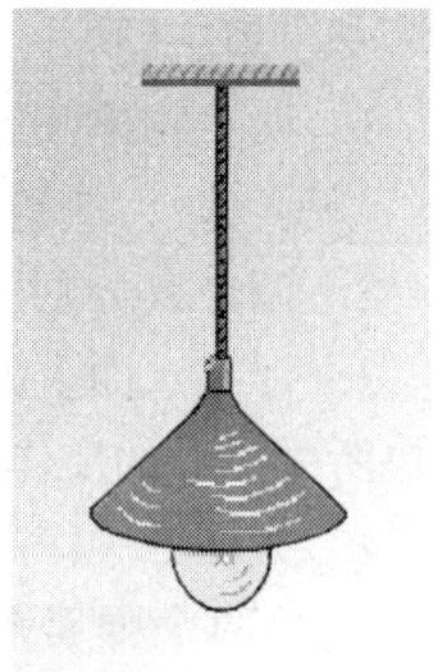

图 3—1—2

2. 如图 3—1—3 所示，用竖直向上的推力 F 使重力 $G=80$ N 的物体紧贴在天花板下方。已知 $F=120$ N，则物体对天花板的压力大小为多少？方向如何？天花板对物体的压力大小是多少？方向如何？

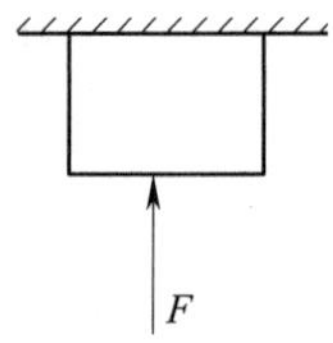

图 3—1—3

四、问答题

一间普通客厅的天花板上用悬绳吊一所受重力为 G 的电风扇，电风扇静止时受哪些力作用？如图 3—1—4 所示，这些力的反作用力是哪些力？这些力的平衡力是哪些力？如果电风扇正在匀速转动，与静止时相比较，对天花板的拉力是变大还是变小？为什么？

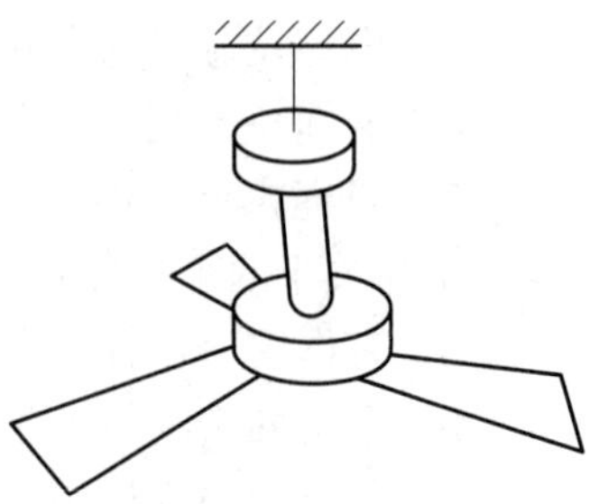

图 3—1—4

§3.2 变形与弹力

一、填空题

1. 一切要发生形变的物体，由于要恢复原状，对跟它接触的物体要产生____的作用，这种力称为________。弹力与形变始终相伴，形影不离。

2. 由于物体受力方式的不同，物体的形变也会多种多样，我们知道有__________形变、__________形变、________形变及____________形变。

3. 弹力的方向总是与施力物体形变的方向____________，具体如下：压力和支持力的方向都______________物体的接触面，指向被压和被支持的物体；绳的拉力方向是沿着绳而____________。

二、选择题

1. 一个物体放在水平地面上，下列关于物体和地面受力情况的叙述中正确的是（　　）。

A. 地面受到向下的弹力是因为地面发生了形变

B. 地面受到向下的弹力是因为物体发生了形变

C. 物体受到向上的弹力是因为地面发生了形变

D. 物体受到向上的弹力是因为物体发生了形变

2. 如图 3—2—1 所示，一个球形物体静止于光滑水平面，并与竖直光滑墙壁接触，A、B 两点是球跟墙和地面的接触点，则下列说法正确的是（　　）。

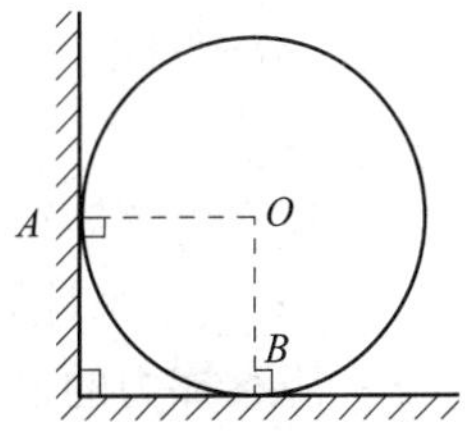

图 3—2—1

A. 物体受重力、B 点的支持力、A 点的弹力作用

B. 物体受重力、B 点的支持力作用

C. 物体受重力、B 点的支持力、地面的弹力作用

D. 物体受重力、B 点的支持力、物体对地面的压力作用

3. 关于弹力的方向，下列说法正确的是（　　）。

A. 弹力的方向一定垂直于接触面

B. 弹力的方向不一定和接触面垂直

C. 绳子类软物体产生的弹力一定垂直于被拉物体的平面

D. 绳子类软物体产生的弹力一定沿绳子的方向

4. 下列关于力的说法不正确的是（　　）。

A. 只要两个物体接触就一定能产生弹力

B. 两个接触并发生弹性形变的物体一定产生弹力

C. 压力、支持力、拉力都是弹力

D. 压力、支持力的方向总是垂直于支持面

三、作图题

如图 3—2—2 所示，判断静止物体 A 和 B 有无弹力作用。若有，请作出其所受弹力的示意图。

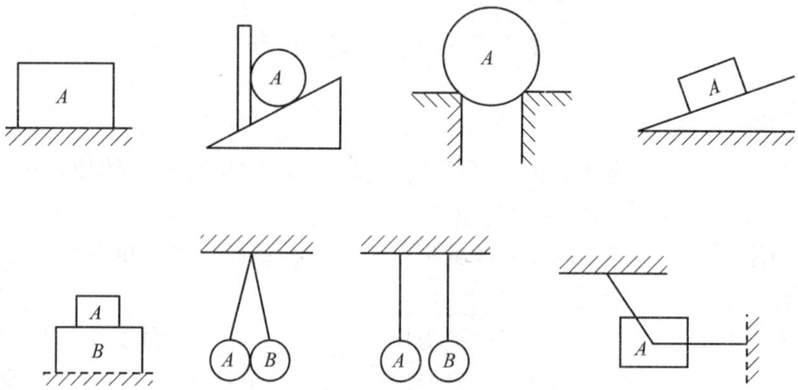

图 3—2—2

§3.3 摩　擦　力

一、填空题

1. 两个相互接触的物体，当它们发生__________或具有__________时，就会在接触面上产生阻碍相对运动的力，这种力叫作摩擦力。摩擦力的方向总是沿着________，并且跟物体__________________的方向相反。

2. 当一个物体在另一个物体表面滑动时，所产生的摩擦力叫作__________，可以用公式___________来计算。

3. 静摩擦力的最大值叫作__________，静摩擦力在未达到最大值时，它的数值随着外力的变化而___________。

4. 如图 3—3—1 所示，水平地面上的木箱，在水平向右的恒力 $F_1 = 100$ N 和水平向左的恒力 $F_2 = 20$ N 作用下静止不动，这时木箱受到地面的静摩擦力方向__________，大小为_________N。若撤去 F_1，这时木箱在水平方向上受到的合力为________N。

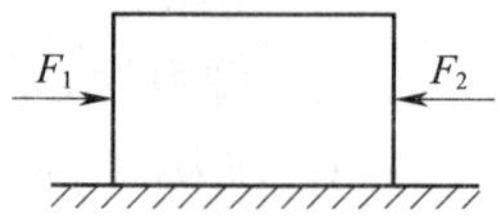

图 3—3—1

二、选择题

1. 关于摩擦力，下列说法正确的是（　　）。

A. 摩擦力的方向总是与物体运动方向相反

B. 滑动摩擦力的大小总是与物体的重力成正比

C. 静摩擦力随着拉力的变化而变化，并有一个最大值

D. 摩擦力一定是阻力

2. 下列说法正确的是（　　）。

A. 两物体相互挤压时，它们相互间一定有弹力的作用

B. 两物体相互挤压时，它们相互间一定有摩擦力的作用

C. 两物体相互挤压时，弹力与重力一定相等

D. 以上说法都不正确

3. 用手握着一只圆柱形杯子处于静止状态，当手握杯子的力增大时，以下说法正确的是（　　）。

A. 杯子所受的摩擦力增大　　　　B. 杯子所受的摩擦力不变

C. 杯子所受的摩擦力减小　　　　D. 杯子所受的摩擦力始终为零

4. 下列事例中，属于减小有害摩擦的是（　　）。

A. 我国北方冬天路面结冰后，常常在冰上撒些渣土，以免发生交通事故

B. 体操运动员在上器械前，常常在手上涂些镁粉

C. 为车轴加润滑油

D. 在鞋底上制出凹凸不平的花纹

5. 如图 3—3—2 所示，将弹簧测力计一端固定，另一端钩住长方体木块 A，木块下面是一长木板，实验时拉着长木板沿水平地面向左运动，读出弹簧测力计示数即可测出木块 A 所受摩擦力大小。在木板运动的过程中，以下说法一定正确的是（　　）。

A. 木块 A 受到的是静摩擦力

B. 木块 A 相对于地面是运动的

C. 拉动速度变大时，弹簧测力计示数变大

D. 木块 A 所受摩擦力的方向向左

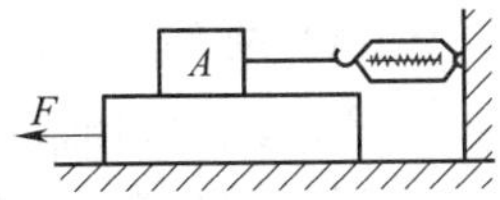

图 3—3—2

三、计算题

下面是一组实验数据：一个重 80 N 的物体放在水平桌面上，分别用 10 N、20 N 的水平力拉它，都没有把它拉动（图 3—3—3）。当水平拉力增加到 27 N 时，物体刚好开始运动。当物体沿桌面匀速滑动时，测得此时的水平拉力为 24 N。求物体所受的最大静摩擦力 f_{max} 及物体与桌面之间的滑动摩擦因数 μ。

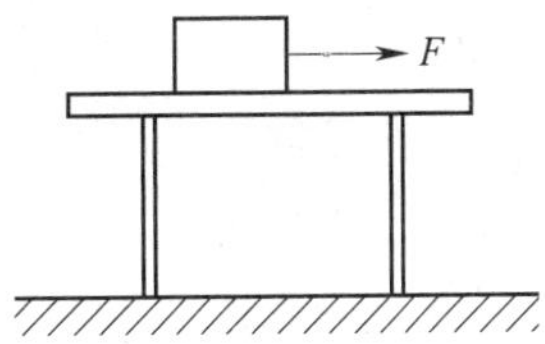

图 3—3—3

§3.4　力的合成与分解

一、填空题

1. 如果一个力作用在物体上，跟几个力作用的________相同，这个力就叫作那几个力的________，那几个力叫作这个力的________。求几个力的合力叫作__________，且遵守__________定则。

2. 有两个共点力，大小分别是 16 N 和 12 N。当两个力方向__________时，两个力的合力最大，最大值是__________N；当两力的方向__________时，两力的合力最小，最小值是________N。

3. 两个力的合力最大值是 10 N，最小值是 2 N，这两个力的大小是____N 和____N。

4. 重力为 G 的物体，放在倾角为 θ 的斜面上，重力 G 沿斜面的分力大小为__________，垂直于斜面的分力大小为__________。

二、选择题

1. 关于共点力，下列说法中正确的是（　　）。

A. 只有真正作用于物体上同一点的几个力才能叫共点力

B. 作用于同一个物体上的几个力，只要不是作用在同一点，这几个力就一定不是共点力

C. 作用在物体上的几个力，虽不在同一点，但它们的延长线交于一点，则这几个力也是共点力

D. 物体受到几个力作用而处于平衡状态，则这几个力一定是共点力

2. 关于合力与分力，下列说法中正确的是（　　）。

A. 两个力的合力，至少大于一个分力

B. 两个力的合力，可能小于一个分力

C. 两个力的合力，不可能小于两个分力

D. 两个力的合力，一定大于两个分力

3. 大小为 5 N 和 7 N 的两个力的合力不可能是（　　）。

A. 3 N　　B. 2.5 N　　C. 10 N　　D. 13 N

三、计算与作图题

1. 两个共点力互相垂直，大小分别是 120 N 和 160 N，求这个力的合力。

2. 在图 3—4—1a 中，已知合力 F 及一个分力 F_1 的大小和方向，试画出另一个分力 F_2；在图 3—4—1b 中，已知合力 F 及两个分力的方向，试画出这两个分力。

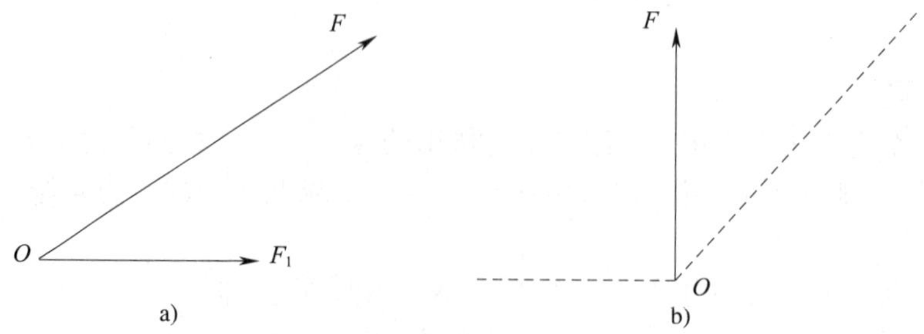

图 3—4—1

第 4 章　认识力和运动之间的关系

§4.1　牛顿第一定律

一、填空题

1. 一切物体要保持____________运动状态或____________状态，直到有外力迫使它改变这种状态为止，这就是牛顿第一定律。

2. ____________是物体惯性大小的量度。____________是保持物体原有运动状态的原因。____________是改变运动状态的原因。

3. 运动员跑到终点后，因为____________，所以不能马上停下来，还要向前冲一段距离。

二、选择题

1. 火车沿平直轨道匀速行驶，面向行驶方向坐在车厢里的乘客竖直向上抛出一个苹果，根据惯性定律，可以判断出苹果下落的正确状况是（　　）。

A. 必然会落到乘客的后面　　B. 必然会落到乘客的前面

C. 必然会落到乘客的侧面　　D. 会落回乘客的手中

2. 日常生活中，惯性现象既有利也有弊。以下属于利用惯性“有利”的一面是（　　）。

A. 赛车在转弯时滑出赛道　　B. 高速路上汽车限速行驶

C. 跳远运动员跳远时助跑　　D. 人踩到西瓜皮滑倒

3. 汽车突然向右转弯时，对车内乘客倾斜方向表述正确的是（　　）。

A. 向前倾斜　　B. 向后倾斜

C. 向右倾斜　　D. 向左倾斜

4. 下列现象中，不属于利用惯性现象的是（　　）。

A. 用手拍打衣服上的灰尘

B. 锤头松了，将锤柄在地上撞击几下

C. 动员采用助跑跳远

D. 骑自行车时为了减速捏刹车闸

三、判断题

1. 质量大的物体惯性大，质量小的物体惯性小。（　　）

2. 不受外力作用的物体总是保持静止的。（　　）

3. 作变速运动的物体惯性发生变化。（　　）

4. 静止的物体没有惯性。（　　）

5. 正在行驶的质量相同的两辆汽车，行驶快的不易停下来，说明速度大的物体惯性大。（　　）

6. 自由落下的物体以重力加速度向下加速运动，所以物体的惯性消失了。（　　）

四、问答题

如图4—1—1所示，一木块和小车一起做匀速直线运动，请就小车碰到一障碍物的瞬间（设小车不反弹），回答：

（1）如果小车上表面粗糙，木块将如何运动？

（2）如果小车上表面光滑，木块将如何运动？

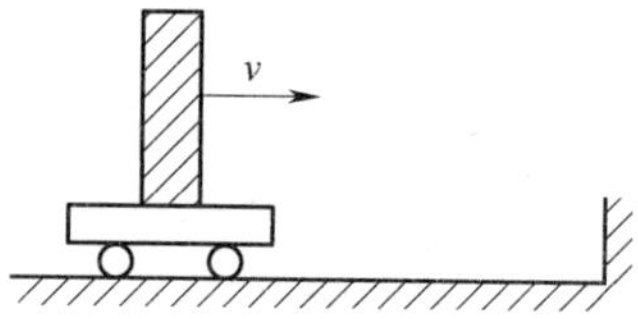

图4—1—1

§4.2 牛顿第二定律

一、填空题

1. 物体的加速度跟物体所受的__________成正比，跟物体的________________成反比，这就是____________。公式为______________。

2. 物体运动的加速度方向与它所受的合外力方向____________。当合外力为零时，物体的加速度也为________，物体作________；当合外力不为零时，加速度也____________，物体作______________。

3. 对一个物体施加20 N的力，能产生2 m/s^2的加速度。若要使它产生5 m/s^2的加速度，对它的作用力应是____________N。

4. 甲、乙两辆小车，在相同力的作用下，甲车产生1.2 m/s^2的加速度，乙车产生4.8 m/s^2的加速度，甲车质量与乙车质量之比为____________。

二、选择题

1. 关于运动和力的关系，下列说法正确的是（　　）。
   A. 如果物体在运动，那么它所受的合外力一定不为零
   B. 力只能改变物体运动速度的大小
   C. 作匀速圆周运动的物体不受力的作用
   D. 力是改变物体运动状态的原因

2. 下列说法正确的是（　　）。
   A. 物体的加速度为零，则物体所受的合外力一定等于零
   B. 物体的速度越大，则物体所受的合外力越大
   C. 物体所受的合外力方向一定与物体运动方向一致
   D. 物体加速度的产生滞后于物体所受的合外力

3. 对于作直线运动的物体，下面说法正确的是（　　）。
   A. 物体所受到的合力越大，加速度越大

B. 物体所受到的合力越大，速度越大

C. 物体的加速度越大，速度越大

D. 物体所受合力越来越小时，物体一定作减速运动

4. 关于物体运动状态的改变，下列说法中正确的是（　　）。

A. 物体运动的速率不变，其运动状态就不变

B. 物体运动的加速度不变，其运动状态就不变

C. 物体运动状态的改变包括两种情况：一是由静止到运动，二是由运动到静止

D. 物体的运动速度不变，我们就说它的运动状态不变

5. 关于运动和力，下列说法中正确的是（　　）。

A. 物体速度为零时，合外力一定为零

B. 物体作曲线运动，合外力一定是变力

C. 物体作直线运动，合外力一定是恒力

D. 物体作匀速运动，合外力一定为零

6. 在光滑水平面上的木块受到一个方向不变，大小从某一数值逐渐变小的外力作用时，对木块运动状态的说明正确的是（　　）。

A. 木块作匀减速运动　　B. 木块作匀加速运动

C. 木块作速度逐渐减小的变加速运动　　D. 木块作速度逐渐增大的变加速运动

三、计算题

1. 一个质量为 10 kg，初速度为 1 m/s 的物体，受到与运动方向相同的 2 N 的力，求物体的加速度及第 5 s 末的速度。

2. 一物体质量为 10 kg，由静止开始以 8 m/s^2 的加速度下落，求物体下落过程中受到的空气阻力。

3. 放在粗糙水平面上的物体，在水平拉力作用下由与合力方向一致的初速度 2 m/s 开始做匀加速直线运动，物体所受的合力大小 $F=20$ N，运动的加速度大小 $a=4\ m/s^2$. 求：

（1）在 $t=3$ s 时物体的位移大小；

（2）物体的质量 m。

§4.3 超重与失重

一、填空题

1. 用测力计测量物体的重力，其读数（称为________）在不同的运动状态下不同，可能大于重力（称为________），也可能小于重力（称为________）。

2. 让饮料罐在空中自由下落时，如果罐底部开有一孔，则罐内液体也__________射出来（填“会”或“不会”）。

3. 一小孩站在升降机中，升降机的运动情况如下时，判断超重、失重情况。

（1）升降机加速上升，______________。

（2）升降机减速上升，______________。

（3）升降机加速下降，______________。

（4）升降机减速下降，______________。

二、选择题

1. 下列说法中正确的是（　　）。

A. 物体处于超重状态时，它所受的重力大

B. 物体处于失重状态时，它所受的重力小

C. 悬浮在空气中静止的气球处于失重状态

D. 物体无论处于什么状态，它受到的重力是一样的

2. 在一个封闭装置中，用弹簧称一物体的重力，如果读数与物体的重力相比有偏差，则以下判断中正确的是（　　）。

A. 若读数偏大，则装置一定是在向上作加速运动

B. 若读数偏小，则装置一定是在向下作加速运动

C. 若读数为零，则装置一定是在向下作加速度为 g 的加速运动

D. 若读数为零，则装置可能静止，也可能是在向上或向下作匀速运动

3. 某人站在台秤上，当他突然下蹲的过程中，台秤示数变化情况是（　　）。

A. 先变大后变小，最后等于他所受重力

B. 先变小后变大，最后等于他所受重力

C. 将变大，最后大于他所受重力

D. 将变小，最后小于他所受重力

三、计算题

1. 一质量为 40 kg 的小孩站在升降机中的体重计上。在下列情况下，计算体重计的读数。

（1）当升降机以 0.5 m/s^2 的加速度加速上升时；

（2）当升降机以 0.5 m/s^2 的加速度加速下降时。

2. 有一种大型游乐设施叫作跳楼机，如图 4—3—1 所示。参加游戏的游客被安全带固定在座椅上，提升到离地最大高度 64 m 处，然后由静止释放，开始下落过程可认为自由落体运动，然后受到一恒定阻力而做匀减速运动，且下落到离地面 4 m 高处速度恰好减为零。已知游客和座椅总质量为 1 500 kg，下落过程中最大速度为 20 m/s，重力加速度 $g=10\ m/s^2$。求：

（1）游客下落过程的总时间；

（2）恒定阻力的大小。

图 4—3—1

第 5 章　简单的周期运动

§5.1　认识周期运动

一、填空题

1. 我们把事物在运动、变化过程中某些规律性重复出现的特性叫作__________。把具有周期性特征的运动叫作__________。物理学中典型的周期运动有________、________和____________等。

2. 物体完成一次全振动所需要的时间，叫作振动的______。单位时间内完成全振动的次数，叫作振动的______。两者的关系可用公式____________表示。

3. 振动物体离开平衡位置的最大距离，叫作振动的______。

4. 周期和频率是表示物体振动______的物理量。周期越小，频率越______，表示振动越快。

5. 如图 5—1—1 所示，弹簧振子在 AA'间运动，测得 AA'相距 8 cm，则：

（1）振幅为______________。

（2）振子完成 4 次全振动所经过的总路程为_______。

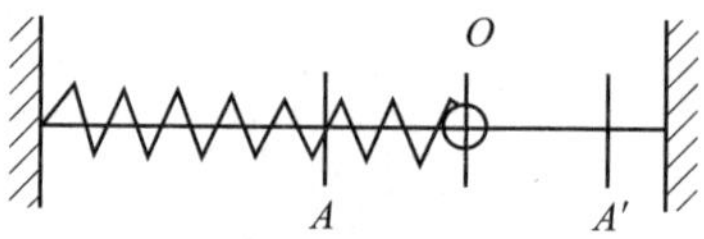

图 5—1—1

二、计算题

一弹簧振子，周期是 0.5 s，振幅为 2 cm，当振子通过平衡位置向右运动时开始计时，则：

（1）2 s 内振子完成多少次全振动？通过的路程为多大？

（2）在 2.4 s 末，振子位于平衡位置的哪一侧？向什么方向运动？

§5.2 匀速圆周运动

一、填空题

1. 钟表上分针端点的周期为________s，转速为________r/min，角速度为________rad/s。

2. 物体作圆周运动时，连接它与圆心的半径转过的__________跟所用________的比值叫作角速度，用__________表示。它的单位是__________，读作_______。

3. 一物体在水平面内沿半径 R 为 20 cm 的圆形轨道作匀速圆周运动，线速度 v 为 0.2 m/s，那么它的角速度为________rad/s，周期为__________s。

二、选择题

1. 匀速圆周运动属于（　　）。

A. 匀速运动　　B. 匀变速直线运动

C. 匀变速运动　　D. 变速运动

2. 物体作匀速圆周运动，下面关于该物体的说法错误的是（　　）。

A. 线速度大小不变　　B. 角速度大小不变

C. 线速度不变　　D. 周期不变

3. 下列关于甲、乙两个作匀速圆周运动的物体，说法正确的是（　　）。

A. 如它们线速度相等，则角速度一定相等

B. 如它们角速度相等，则线速度一定相等

C. 如它们周期相等，则角速度一定相等

D. 如它们转速相等，则线速度一定相等

4. 作匀速圆周运动的物体，物理量中不断改变的是（　　）。

A. 线速度　　B. 角速度　　C. 周期　　D. 转速

三、计算题

1. 已知一物体作匀速圆周运动，周期为 10 s，求它的角速度。

2. 试求地球表面赤道上任一点，在地球自转时的角速度和线速度（设地球半径为 6 400 km）。

§5.3 人造地球卫星

一、填空题

1. 人造地球卫星种类繁多，有许多不同的分类方法。按飞行轨道离地面高度可分为______、________和________三种；按飞行轨道形状可分为______、________两种；按飞行轨道方位可分为_______、______、______和______四种；按用途可分为________、________和_________三大类。

2. 地球同步卫星运行周期与地球的自转周期______，且在赤道正上方运行，它绕地球运行的角速度与地球自转的角速度_______，从地面上看去它好像是______。

3. 我国发射的第 7 颗气象卫星“风云二号”为地球同步卫星。这颗卫星运行周期为______h，且位于______正上空（填“赤道”或“北京”）。从地面上看去地球同步卫星好像是______。

二、问答题

1. 我国第一颗人造地球卫星是何时发射的？卫星的名字是什么？

2. 神舟九号是我国发射的第一艘与天宫一号载人交会对接成功的飞船，它是何时发射的？有哪些主要功能？

第 6 章　功和能的关系

§6.1　功　和　功　率

一、填空题

1. ______和物体在力的方向发生的______，是做功的两个必要的因素。功是___量，在国际单位制中，功的单位是________，符号是_____。

2. 设力的方向与位移方向的夹角为 α，当 α ____ 90°时，力对物体做正功；当 α _____ 90°时，力对物体不做功；当 90° ___ α ___ 180°时，力对物体做负功。

3. 一个力对物体做功的功率，等于这个_______与受力物体运动_______的乘积。公式为：$P=$ _______。

4. 水平面上的物体，受到向左的拉力为 60 N，向右的阻力为 20 N，产生向左的位移为 50 m，则拉力的功为__________，阻力的功为__________，总功为__________。

5. 一辆国产汽车，在京沪高速公路上以 30 m/s 的速度匀速行驶，受到的阻力是2 000 N，这辆汽车 1 min 做的功是________J，发动机的功率是_______W。

6. 对于汽车、火车等交通工具和各种起重机械，当发动机的功率一定时，牵引力与速度成________。要增大牵引力，可_________速度；要增大速度，就要_________牵引力。

7. 如图 6—1—1 所示，汽车在粗糙水平面上做匀加速直线运动的过程中，阻力 f 对汽车做_____（填“正功”或“负功”），牵引力 F 对汽车做_____（填“正功”或“负功”）；牵引力 F 的瞬时功率将_____（填“增大”或“减小”）。

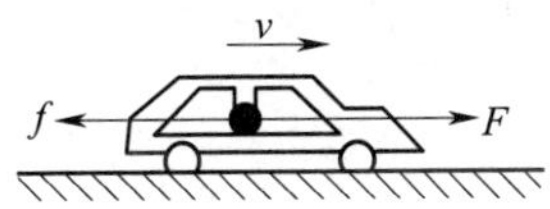

图 6—1—1

8. 作用在质量 m 为 2 kg 物体上的合外力 F 与物体位移 s 的对应关系如图 6—1—2 所示。s 为 0 时物体处于静止状态，则在物体从此时开始运动 9 m 的过程中，合外力 F 做的功 $W=$ _____J；s 为 9 m 时 F 的功率 $P=$ _____W。

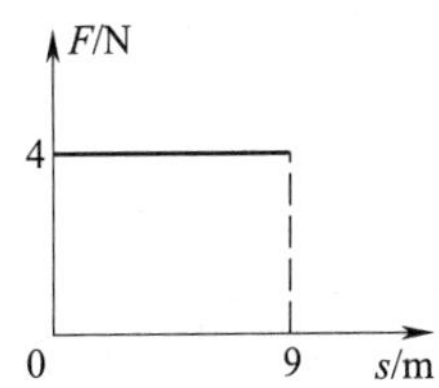

图 6—1—2

二、选择题

1. 正功和负功取决于（　　）。

A. 力的方向　　　　B. 位移的方向

C. 力的性质　　　　D. 力和位移方向间的夹角

2. 甲、乙二人的体重相同，同时从一楼开始登楼，甲比乙先到三楼，以下对他们二人表述正确的是（　　）。

A. 做的功相同，但甲的功率较大

B. 做的功相同，功率也相同

C. 甲做的功较多，但功率相同

D. 甲做的功较多，功率也较大

3. 举重运动员将重 1.2×10^{3} N 的杠铃举高 2 m，并停留 5 s，则在这 5 s 内他对杠铃所做的功为（　　）。

A. 2.4×10^{3} J　　B. 0 J

C. 2.4×10^{2} J　　D. 2.4×10^{4} J

4. 如图 6—1—3 所示是小新提包回家的四种情景，小新提包的力不做功的是（　　）。

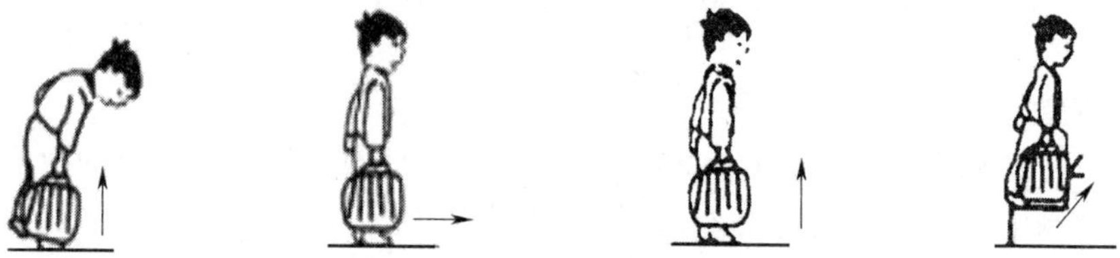

将包提起来　站在水平匀速行驶的车上　乘升降电梯上楼　提着包上楼

A.　B.　C.　D.

图 6—1—3

5. 若力与速度方向一致，则功率为 $P=Fv$，下列说法正确的是（　　）。

A. 速度越大，功率越大

B. 力越大，功率越大

C. 若力与速度方向垂直，则功率 P 仍等于 Fv

D. 当功率一定时，速度越大，力越小；当力一定时，速度越大，消耗的功率越大

三、计算题

1. 一台抽水机 1 min 内能把 3.0×10^{5} kg 的水抽到 10 m 高处，则抽水机的输出功率多大？1 h 内做多少功？

2. 质量为 4 t 的汽车，发动机的额定功率为 30 kW，汽车所受阻力为车重的 0.02 倍，求：

（1）汽车以额定功率行驶时所能达到的最大速度；

（2）若汽车以 10 m/s 的速度匀速行驶时，发动机的实际功率。

3. 我国制造的C919大型客机（图6—1—4）试飞过程中，假设飞机在水平跑道上的滑跑是初速度为零的匀加速直线运动，当位移 $s = 1\ 600$ m 时才能达到起飞所要求的速度 $v = 80$ m/s，已知飞机质量 m 为 7.0×10^4 kg，滑跑时受到的阻力为自身重力的0.1倍（取 $g = 10$ m/s^2），则飞机滑跑过程中加速度 a 为多大？起飞时牵引力的功率 P 为多少？

图6—1—4

§6.2　动能与功

一、填空题

1. 物体的动能等于它的______与它的速度________乘积的______。动能用符号___表示，公式为________。

2. 质量为10 g的子弹，运动速度为800 m/s，则它的动能为____________；质量为60 kg的人，奔跑速度为10 m/s，则他的动能为____________。

3. 一个物体质量为3 kg，在水平地面上以4 m/s的速度作匀速运动，则该物体具有的动能为____________J，运动中合外力做的功为____________J。

二、选择题

1. 运动中，如果某物体的动能保持不变，则说明（　　）。

A. 物体的运动速度的大小和方向都不变

B. 物体一定不受外力

C. 物体受到的合外力一定为零

D. 物体所受合外力做功一定为零

2. 下列说法正确的是（　　）。

A. 物体的动能不变，则其速度一定不变

B. 物体的速度不变，则其动能也不变

C. 物体的动能不变，说明物体的运动状态没有改变

D. 物体的动能不变，说明物体所受合外力一定为零

3. 两个材料相同的物体，甲的质量大于乙的质量，以相同的初动能在同一水平面上滑行一段后停下来，则它们滑行的位移大小关系是（　　）。

A. 甲大　　B. 乙大　　C. 相等　　D. 无法比较

4. 关于动能的理解，下列说法正确的是（　　）。

A. 动能不变的物体，一定处于平衡状态

B. 动能不可能是负的

C. 一定质量的物体，动能变化时，速度一定变化；但速度变化时，动能不一定变化

D. 物体的加速度为零，其动能不变

5．在足球赛场上，某运动员用力踢出质量为 0.4 kg 的足球，使足球获得 20 m/s 的速度，则该运动员对足球做的功是（　　）。

A．0 J　　B．80 J

C．160 J　　D．条件不足，无法确定

6．速度为 v 的子弹，恰可穿透一固定着的木板，如果子弹速度为 $2v$，子弹穿透木板的阻力视为不变，则可穿透同样的木块（　　）。

A．2 块　　B．3 块　　C．4 块　　D．1 块

三、计算题

1．一架喷气式飞机，质量 $m = 5 \times 10^3$ kg，起飞过程中，从静止开始滑跑的路程为 $l = 500$ m 时，达到起飞速度 $v = 60$ m/s，在此过程中飞机受到的平均阻力是飞机质量的 0.02 倍，求飞机受到的牵引力。

2．如图 6—2—1 所示，将质量 $m = 2$ kg 的一块石头从离地面 $H = 2$ m 高处由静止开始释放，落入泥潭并陷入泥中 $h = 5$ cm 深处，不计空气阻力，求泥对石头的平均阻力。(g 取 10 m/s^2。)

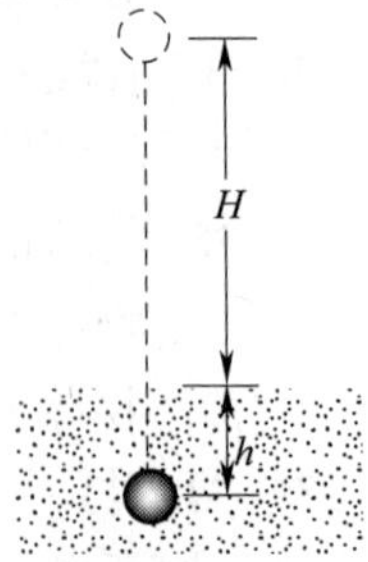

图 6—2—1

3. 质量 m 为 1 kg 的物体，在光滑的水平面上运动，初速度 v_1 为 2 m/s，受到一个与运动方向相同的合外力 F 的作用（$F=4$ N），发生的位移 s 为 2 m。求：

（1）物体的末动能是多大？

（2）物体的末速度是多大？

4. 有关资料检测表明，当无人驾驶车正以 20 m/s 的速度在平直公路上行驶时，遇到紧急情况需立即制动（忽略无人驾驶汽车反应时间），制动时产生的加速度大小可为 8 m/s^2。将上述运动视为匀减速直线运动，直到汽车停下。已知无人驾驶汽车质量为 1.8 t。求在此过程中该无人驾驶汽车的有关参数：

（1）受到阻力的大小 F；

（2）初动能 E_k

（3）前进的距离 x。

§6.3　重力势能与重力的功

一、填空题

1. 重力势能是地球与物体间相互作用具有的能。物体的重力势能等于它所受______和所在________的乘积。重力势能是______对的，它的大小随参考平面的变化而______。

2. 物体运动时，重力对物体做的功只跟它的________和________的位置有关，而跟物体运动的路径无关。

3. 质量为 3 kg 的书包放在 0.8 m 高的桌上。若以地面为参考平面，它具有的重力势能为__________J；若以桌面为参考平面，它的重力势能为__________J。

4. 一个重 60 N 的物体，从距地面 10 m 的地方自由下落，当下落 4 m 时的重力势能为____________J；落到地面时的重力势能为____________J；在整个下落中，重力势能减少了____________J。

二、选择题

1. 关于重力势能，下列说法中正确的是（　　）。

A. 重力势能的大小只由重物本身决定

B. 重力势能恒大于零

C. 在地面上的物体，它具有的重力势能一定为零

D. 重力势能实际上是物体和地球所共有的

2. 当重力对物体做正功时，以下说法正确的是（　　）。

A. 重力势能一定增加，动能一定减少

B. 重力势能一定减少，动能一定增加

C. 重力势能一定增加，动能不一定减少

D. 重力势能一定减少，动能不一定增加

3. 在汽车减速驶上斜坡的过程中，以下说法正确的是（　　）。

A. 重力势能增加，动能增加　　B. 重力势能增加，动能减少

C. 重力势能减少，动能增加　　D. 重力势能减少，动能减少

4. 以下关于重力势能的说法错误的是（　　）。

A. 重力势能是一相对量

B. 重力势能属于物体和地球所共有

C. 物体在两点间的重力势能之差与零势能面选择有关

D. 重力势能也可能是负值

5. 井深 8 m，井上支架高 2 m，在支架上用一根 3 m 长的绳子系住一个重 100 N 的物体，则物体的重力势能是（　　）（以地面为参考面）。

A. 100 J　　B. 700 J　　C. －100 J　　D. 无法确定

6. 质量为 m 的小球，从离桌面 H 高处由静止下落。桌面离地面高度为 h，如图 6—3—1 所示。若以桌面为参考平面，那么小球落到地面时的重力势能及整个下落过程中的重力势能变化分别是（　　）。

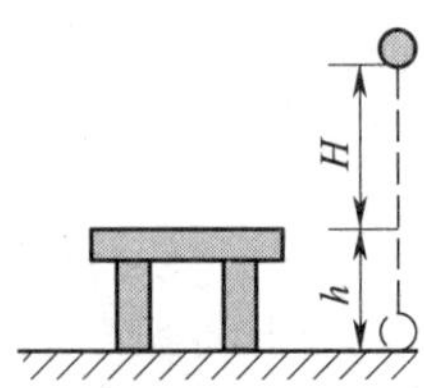

图 6—3—1

A. mgh，减少了 mgH

B. mgh，减少了 $mg(H+h)$

C. $-mgh$，减少了 mgH

D. $-mgh$，减少 $mg(H+h)$

三、计算题

1. 搬运工把质量为 150 kg 的货物沿长 3.0 m、高 1.0 m 的斜面匀速推上汽车，货物增

加的重力势能是多少？在不计摩擦的情况下，搬运工沿斜面推动货物所做的功是多少？

2. 上海中心大厦建筑主体为118层，总高632 m，如图6—3—2所示。在大厦内，电梯将游客们直接送至距地面556 m的第118层。除了第118层和119层作为主要观光层开放让游客体验外，大厦的第125层和126层也是观光区，距地面高度分别达到580 m和583 m。

(1) 一质量为70 kg的游客正在第118层观光，在下列情况下，他的重力势能各是多少（g取10 m/s^2）？

①以地面为参考平面；

②以第125层为参考平面。

(2) 若他乘电梯从地面上升到第118层，电梯为克服他的重力需做多少功？

图6—3—2

§6.4 动能和势能的相互转化

一、填空题

1. 物理学中，把物体由于做________运动而具有的能量称为机械能。机械能是物体的___能与____能之和，用符号______表示。

2. 重力对物体做正功，重力势能________；重力对物体做负功，重力势能________。

3. 物体自由下落时，______能的增加量恰好等于______能的减少量。

4. 在只有________做功的情形下，物体的动能和势能可以相互转化，但机械能总量保持不变。这个结论叫机械能守恒定律，公式为________________。

5. 重10 N的物体从4 m高处自由下落，下落1 m时的机械能是________J，下落2 m时的机械能是________J。

6. 如图6—4—1所示，在用滚摆做探究“机械能的相互转化”的活动时，把滚摆悬挂在框架上，用手捻动滚摆使悬线缠在轴上，滚摆升到最高点后，放开手，可以看到滚摆________着下降，越转越________，到最低点时滚摆转而________，直到差不多回到________的位置。滚摆在________位置时重力势能最大，在________时动能最大。可见，______和______可以相互转化。

图6—4—1

二、选择题

1. 关于机械能守恒的叙述正确的是（　　）。

A. 作匀速直线运动的物体，机械能一定守恒

B. 作匀变速直线运动的物体，机械能一定不守恒

C. 外力对物体做功为零时，物体的机械能一定守恒

D. 如果只有重力对物体做功，物体的机械能一定守恒

2. 下列选项中除A外，其他都不计空气阻力，机械能守恒的是（　　）。

A. 跳伞运动员带着张开的降落伞匀速下落

B. 向前上方抛出小球

C. 受拉物体沿着光滑的斜面上升

D. 物体在斜面上匀速滑下

3. 两物体的质量之比为1∶2，它们距离地面的高度之比也为1∶2，若使其自由下落，则它们落地时的动能之比为（　　）。

A. 1∶2　　B. 2∶1　　C. 1∶4　　D. 4∶1

4. 如图6—4—2所示，小明从滑梯上下滑的过程中，下列说法中正确的是（　　）。

图6—4—2

A. 重力势能减少，动能增加

B. 重力势能增加，动能减少

C. 重力势能增加，动能不变

D. 重力势能减少，动能不变

三、计算题

1. 从高为5 m的平台上斜抛出一个小球，初速度是10 m/s，落地时小球的速度大小为多少？（不计空气阻力，g取10 m/s^2。）

2．以 10 m/s 的速度将质量是 m 的物体竖直向上抛出，若忽略空气阻力，$g = 10\ m/s^2$，则：

（1）物体上升的最大高度是多少？

（2）上升过程中在何处重力势能和动能相等？

第7章　热 学 知 识

§7.1　分子动理论

一、填空题

1. 物体是由大量______组成的，若把分子看成球形，它的直径大约是______m。

2. 不同物质相互接触时，能够彼此进入对方。物理学中，把这种现象叫作_____。

3. 1827 年英国______学家_____用显微镜观察悬浮在水中的花粉时发现：花粉在不停地做无规则的运动。于是，人们就把悬浮微粒的这种运动叫作_______运动。

4. _____现象和____运动实验表明，一切物质的分子都在一刻不停地作__规则的运动，温度越高，运动越______。我们把这种运动叫作热运动。

5. 分子间同时存在____力和____力，它们的大小都跟分子间的距离有关。当分子间距离较小时，吸引力____排斥力；当分子间距离较大时，吸引力____排斥力；当分子间距离恰当时，吸引力_____排斥力，对外表现的分子力为零。

6. 分子动理论表明：物体是由_____分子组成的，分子在做永不停息的___规则运动，分子之间存在着_____和______。

二、选择题

1. 体积是 10^{-4} cm^3的油滴滴于水中，若展开成一单分子油膜，则油膜面积的数量级是（　　）。

   A. 10^2 cm^2　　B. 10^4 cm^2　　C. 10^6 cm^2　　D. 10^8 cm^2

2. 酒精和水混合后的体积小于原来酒精和水体积之和的实验，说明了（　　）。

   A. 物质是由分子构成的

   B. 分子在永不停息地运动

   C. 分子间存在着相互作用的引力和斥力

   D. 分子间存在着空隙

3. 把表面光滑的铅块放在铁块上，经过几年后将它们分开，发现铅块中含有铁，而铁块中也含有铅，这种现象说明（　　）。

   A. 物质分子之间存在着相互作用力　　B. 分子之间存在空隙

   C. 分子在永不停息地运动　　D. 分子的引力大于斥力

4. 分子间相互作用力由引力和斥力两部分组成。关于这个问题，以下说法正确的是（　　）。

   A. 引力和斥力是同时存在的

   B. 引力总是大于斥力，其合力总表现为引力

   C. 分子之间距离越小，引力越小，斥力越大

   D. 分子之间距离越小，引力越大，斥力越小

5. 花粉在水中作布朗运动的现象说明（　　）。

A. 花粉的分子在作激烈的热运动

B. 水分子在作激烈的热运动

C. 水分子之间是有空隙的

D. 水分子之间有分子力作用

§7.2　物体的内能

一、填空题

1. 温度是物体分子热运动的________能的标志。温度越高，分子热运动越______，分子的平均动能就______。

2. 常见的温标有两种，______温标和__________温标。

3. 摄氏温度用___表示，单位是____（摄氏度）；热力学温度用___表示，单位是__（开尔文）。热力学温度和摄氏温度之间的数量关系是________________。

4. 由于分子具有___能和___能，我们把物体中所有分子的动能和势能的总和叫作物体的___能。

5. 物体内_____的平均值叫分子的平均动能，从分子运理论的观点来看，_________是物体分子平均动能的标志。

6. 当分子间相互作用力为引力时，分子势能随着分子间的距离增大而_____；当分子间的相互作用为斥力时，分子势能随着分子间的距离减小而_____。所以，分子势能与物体的__________有关系。

二、选择题

1. 关于温度的几种说法，正确的是（　　）。

A. 温度是物体含热量多少的标志

B. 温度是物体内能的标志

C. 温度是物体分子势能的标志

D. 气体的温度是气体分子平均动能的标志

2. 两个温度不同的物体相接触，热平衡后，它们具有的相同物理量是（　　）。

A. 内能　　B. 分子平均动能

C. 分子势能　　D. 热量

3. 质量相等，温度都为100℃的水和水蒸气，下列对它们的内能表述正确的是（　　）。

A. 内能相等　　B. 水的内能比水蒸气的内能大

C. 水蒸气的内能比水的内能大　　D. 无法确定

4. 关于物体的内能，下列说法中正确的是（　　）。

A. 物体运动得越快，物体的内能越大

B. 物体举得越高，物体的内能越大

C. 温度为 -40℃的冰块没有内能

D. 火箭点火升空过程中将燃料燃烧时放出的内能转化为机械能

三、问答题

1. 用力拉着铁块在光滑的水平地面上运动，铁块的机械能和内能有没有变化？如果地面不光滑，情况又如何？

2. 住在非洲沙漠的居民，由于没有电，夏天无法用电冰箱保鲜食物，当地人发明了一种简易“沙漠冰箱”，如图 7—2—1 所示. 它由内罐和外罐组成，两罐之间填满潮湿的沙子。使用时将食物放在内罐，罐口盖上湿布，放在干燥、通风的地方，并经常向内罐和外罐之间的沙子上洒些水，这样可以对内罐中的食物起到一定的保鲜作用. 根据上文，请回答：

（1）将它放在干燥、通风的地方，目的是________；

（2）经常向两罐之间的沙子上洒些水，目的是________。

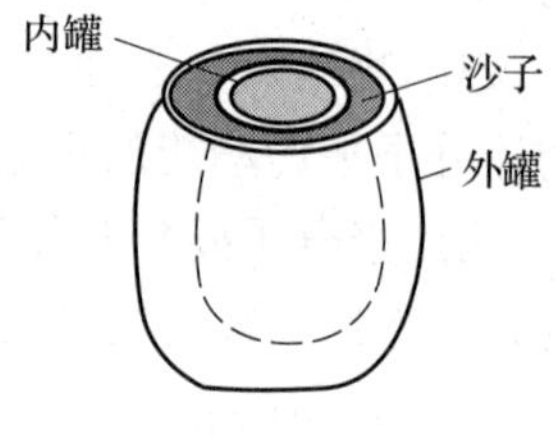

图 7—2—1

§7.3　热力学第一定律

一、填空题

1. 改变物体内能的两种方式是__________和__________。

2. 热力学第一定律告诉我们：物体___能的改变量等于外界传递给物体的______和外界对物体做功的____。

3. 能量既不会凭空______，也不会凭空______。它只能从一种形式转化为别的形式，或者从一个物体________别的物体。在转化或转移过程中，其总量_____。这就是能量守恒定律。

4. 冬天在室外用双手互相摩擦或者用嘴对着手呵气均可使手发热，前者是通过________的方式增加了手的内能，后者是通过________的方式增加了手的内能。

5. 不规则地搅拌盛于绝热容器中的液体，液体温度在升高，若将液体看做系统，则外界传给系统的热量________零（填“大于”“等于”或“小于”），外界对系统做的功____________零（填“大于”“等于”或“小于”），系统的内能的增量____________零（填“大于”“等于”或“小于”）。

二、选择题

1. 下列事例中，用做功方法改变物体内能的是（　　）。

A. 酒精涂在手上觉得凉　　B. 冬天晒太阳，人感到暖和

C. 锯木头时，锯条会发烫　　D. 烧红的铁块温度逐渐降低

2. 下列现象中，属于用热传递的方式改变物体内能的是（　　）。

A. 菜刀在砂轮上磨得发烫　　B. 用打气筒打气时筒壁发热

C. 两手互相摩擦时手发热　　D. 在炉子上将水烧开

3. 自由摆动的秋千摆动幅度越来越小，下列说法正确的是（　　）。

A. 秋千的机械能守恒

B. 秋千的能量正在消失

C. 只有动能和重力势能的相互转化

D. 减少的机械能转化为内能，但总能量守恒

4. 飞机在万米高空飞行时，舱外大气压比舱内气压低。要使舱内获得新鲜空气，必须使用压缩机把空气从舱外压进舱内。在这个过程中，压缩机对空气做功，以下表述正确的是（　　）。

A. 空气的温度升高，内能增加　　B. 空气的温度降低，内能减少

C. 空气的温度升高，内能减少　　D. 空气的温度降低，内能增加

三、问答题

用气筒给自行车打完气后，为什么气筒的外壁会变热？

四、计算题

在一次压缩中，空气压缩机的活塞对空气做了 3.5×10^3 J 的功，空气向外界放出热量是 5.0×10^2 J，空气的内能变化了多少？

§7.4　固体　液体

一、填空题

1. 固体可分为______、______两类。常见的固态物质中，____、______、______等都

是晶体，______、______、______等都是非晶体。

2．晶体都具有______的几何形状，而非晶体没有天然而______的几何形状。

3．在物理性质方面，晶体和非晶体有所不同，晶体表现为各向______性，而非晶体表现为各向______性。

4．晶体可分为______晶体和______晶体两种。如果整个物体是一个晶体，叫作单晶体。

5．若整个物体是由许多杂乱无章地排列着的小晶体组成的，这样的物体叫作多晶体。多晶体与非晶体一样，不显示各向____性，但与晶体一样，有______的熔点。

6．一些有机化合物在一定温度下，呈现出介于______和______之间的中间状态，这种状态的物质叫作液晶态，液晶态下的物质叫作___晶。

二、选择题

1．某一物体各向同性，则下列说法正确的是（　　）。

A．它一定是非晶体　　B．它一定是多晶体

C．它一定是单晶体　　D．它可能是多晶体

2．一块金属整体表现为各向同性是因为（　　）。

A．金属是非晶体　　B．金属分子间排列是杂乱的

C．金属是单晶体　　D．金属是多晶体

3．判断晶体和非晶体比较准确的方法是（　　）。

A．从外形判断　　B．从各向异性和各向同性判断

C．从导电性判断　　D．从有无确定熔点判断

4．晶体和非晶体在物理性质上有明显区别，下列说法中正确的是（　　）。

A．晶体都是各向异性的　　B．非晶体都是各向同性的

C．各向异性的物体一定是晶体　　D．各向同性的物体一定是非晶体

三、问答题

晶体和非晶体有哪些明显的差异？

第 8 章　电荷与电场

§8.1　揭开电的神秘面纱

一、填空题

1. 我们把物体带有_____的多少叫电量。一个电子的电量为__________C，一个质子的电量为________C。

2. 摩擦使物体带电的方法叫作______起电。用丝绸摩擦过的玻璃棒带________电荷，用毛皮摩擦过的硬橡胶棒带______电荷。

3. 把电荷移近不带电的导体可以使导体带电，这种现象叫作____________。利用静电感应使物体带电，叫作__________起电。

4. ________起电和________起电是实验中常用的起电方式。

5. 电荷既不能______，也不能______，只能从一个物体______到另一个物体，或从物体的一部分______到另一部分，在转移的过程中，电荷的总量不变，这个结论叫作电荷守恒定律。

二、选择题

1. 两个带电体接触后都不带电了，说明它们原来带的电是（　　）。

   A. 同种电荷

   B. 异种电荷

   C. 等量同种电荷

   D. 等量异种电荷

2. 关于摩擦起电，下列说法中正确的是（　　）。

   A. 两个材料相同的物体互相摩擦时才会发生带电现象

   B. 相互摩擦的两物体，一定带等量的同种电荷

   C. 在摩擦起电现象中，总是电子从某个物体转移到另一物体

   D. 在摩擦起电现象中，总是质子从某个物体转移到另一物体

3. 如图 8—1—1 所示，绝缘细线上端固定，下端挂一轻质小球 a，a 的表面镀有铝膜，在 a 近旁有一绝缘金属球 b。开始时，a、b 都不带电，如图 8—1—1，现使 b 球带电，则下列说法正确的是（　　）。

   A. b 将吸引 a，吸住后不放开

   B. b 先吸引 a，接触后又把 a 排斥

   C. a、b 之间不发生相互作用

   D. b 立即把 a 排斥开

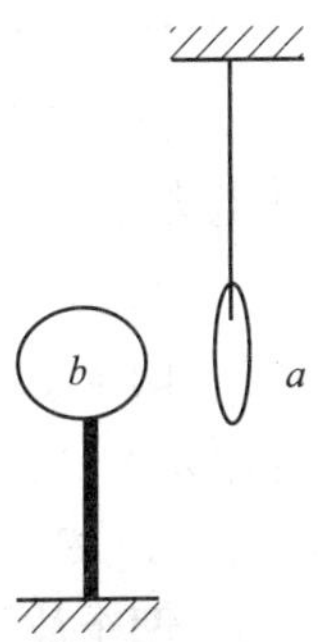

图 8—1—1

三、计算题

有两个完全相同的带电绝缘金属小球 A、B，分别带有电量 $Q_A = 6.4\times10^{-9}$ C，$Q_B = -3.2\times10^{-9}$ C，让两绝缘金属小球接触，在接触过程中，电子如何转移并转移了多少电量？

§8.2 库仑定律

一、填空题

1. 电荷间存在相互作用力，同种性质电荷_______，异种性质电荷________。

2. 实验表明，两个电荷之间的相互作用力随着电荷量的增大而_________，随着距离的减小而_________。

3. 两个点电荷之间的相互作用力跟它们的____________________成正比，跟它们的____________成反比，作用力的方向在它们的连线上。这个规律叫作_________定律。公式为____________。

4. 静电力常量 k 的数值是_________，单位是_________。

二、选择题

1. 点电荷是静电学中的第一个理想模型，它是指（　　）。

   A. 球形带电体

   B. 体积很小的带电体

   C. 带电量很小的带电体

   D. 形状和大小对相互作用力的影响可以忽略的带电体

2. 真空中有 A、B 两个点电荷，相距 10 cm，B 的带电量是 A 的 5 倍。如果 A 电荷受到的静电力是 10^{-4} N，那么 B 电荷受到的静电力为（　　）。

   A. 5×10^{-4} N　　B. 0.2×10^{-4} N　　C. 10^{-4} N　　D. 0.1×10^{-4} N

3. 两个带电量分别为 Q_1 和 Q_2 的点电荷，它们间的静电力为 F。若两个电荷的电量均增大为原来的 2 倍，距离减小为原来的 1/2，则它们之间作用力的大小等于（　　）。

   A. F　　B. $4F$　　C. $8F$　　D. $16F$

4. 两个放在绝缘架上的相同金属球，相距 d，球的半径比 d 小得多，分别带 q 和 $3q$ 的电荷，相互斥力为 $3F$。现将这两个金属球接触，然后分开，仍放回原处，则它们的相互斥力将变为（　　）。

   A. 0　　B. F　　C. $3F$　　D. $4F$

三、计算题

1．两个点电荷相距10 cm，电量分别为2.0×10^{-8} C和-5.0×10^{-8} C，则它们之间的相互作用力是多大？是引力还是斥力？

2．有两个带同种电荷的小球，一个小球带电量是另一个小球的3倍，当它们相距5.0 cm时，互相排斥的力是3.0×10^{-5} N，则它们所带的电量各是多少？

§8.3　静电与生活

一、填空题

1．闪电时，云层间（或云层与地面间）的电压可达__________V，闪电的放电电流可达________A，闪电的功率可达________kW，因此，闪电放出的能量极为巨大。当闪电通过一条狭窄的空气通道到达地面时，顷刻间能使空气通道的温度上升到________℃，约等于太阳表面温度的________倍。

2．利用静电能停留在物体某一部分并能吸引轻小物体这一特点，人们发展了静电技术，开发了许多具体应用，如静电________、静电______、静电________、静电______等新技术。

3．防止静电危害最基本的方法是：尽快把______导走，避免过多的积累。例如：油罐车、飞机利用导体与大地接触，导走__________；在地毯中夹杂不锈钢丝导电纤维及时消除________；增大湿度，可使电荷随时放出，避免静电过多积累，从而清除静电危害。

二、选择题

1．下列措施利用了静电作用的是（　　）。

A．油罐车有条铁链搭到地上

B. 农用飞机喷洒的农药雾滴带正电

C. 家用电器如洗衣机接有地线

D. 手机一般都装有天线

2. 地毯中加入少量的金属纤维是为了（　　）。

A. 避免人走动时产生静电　　B. 将人走动时产生的静电及时消除

C. 增加地毯的强度和韧性　　D. 对地毯起装饰作用

3. 下列做法不属于防止静电危害的措施是（　　）。

A. 制药车间要保持适当的湿度

B. 油罐车运油时要安装一条拖地的金属链

C. 在地毯中夹杂钢丝导电纤维

D. 家用电器的金属外壳用导线与保护零线可靠连接

三、问答题

1. 为什么物体在冬季更容易带上静电？

2. 课后观察一下周围环境中哪些地方中使用了避雷针？为什么？

§8.4　电　　场

一、填空题

1. 电场是电荷周围的一种________物质；电场看不见，摸不着，但对处在其中的电荷有力的作用，这种作用力叫作__________力。

2. 放入电场中某点的点电荷所受的________跟它的________的比值，叫作该点的电场强度，简称场强，场强的单位为__________。

3. 电场强度是______量，物理学规定______________________为电场强度的方向。

4. 为了直观描述电场的空间分布，人们引入了电场线。电场线密的地方，表示场强____；电场线疏的地方，表示场强____。

5. 如图 8—4—1 所示，A、B、C 是电场线上的三点，比较这三点的场强大小，____点的场强最小，______点的场强最大。

6. 我们把电场强度大小处处相等，方向相同的电场叫匀强电场。匀强电场的电场线是一组__________、________的直线。

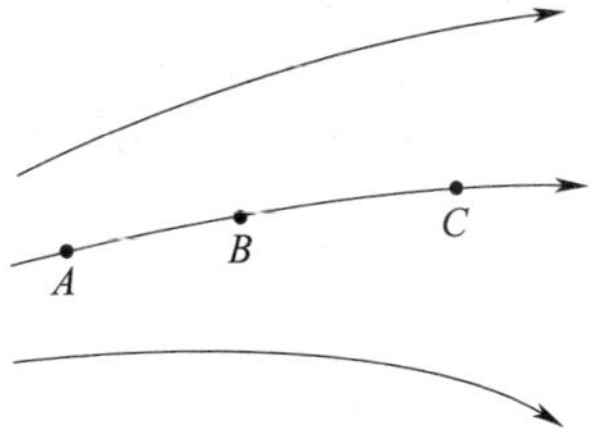

图 8—4—1

二、选择题

1. 由电场强度的定义式 $E=F/q$ 可知，对电场中的某点而言，以下说法正确的是（　　）。
   A. 电场强度 E 与 F 成正比，与 q 成反比
   B. 把检测电荷 q 从该点移走，则该点场强变为零
   C. 电场中某点的场强为零，则在该点的电荷受到的电场力一定为零
   D. 一个不带电的小球在 P 点受到的电场力为零，则 P 点的场强一定为零

2. 下列说法中正确的是（　　）。
   A. 沿电场线方向电场逐渐减弱
   B. 沿电场线方向电场逐渐增强
   C. 正电荷在电场中所受电场力方向与该点电场强度方向相同
   D. 负电荷在电场中所受电场力方向与该点电场强度方向相同

3. 关于电场线的下列说法中不正确的是（　　）。
   A. 电场线并非真实存在，是人们假想出来的
   B. 电场线既能反映电场的强弱，也能反映电场的方向
   C. 只要初速度为零，正电荷必将沿电场线方向移动
   D. 匀强电场的电场线分布是均匀、相互平行的直线

4. 图 8—4—2 所示为静电场的一部分电场线的分布，下列说法正确的是（　　）。
   A. 这个电场一定是负点电荷的电场
   B. 这个电场可能是匀强电场
   C. A 点的场强比 B 点的场强小
   D. 点电荷在 A 点受到的电场力比在 B 点时受到的电场力大

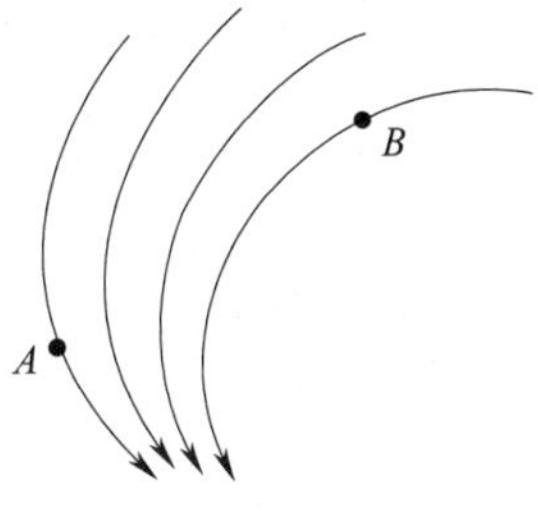

图 8—4—2

5. 式① $E=\dfrac{F}{q}$ 和式② $E=k\dfrac{Q}{r^2}$ 分别为电场强度的定义式和点电荷场强的公式，下列说法正确的是（　　）。
   A. 式①中的场强 E 是式中的电荷 q 所产生电场的场强，式②中的 E 是式中的电荷 Q 产生的电场的场强
   B. 式①中 F 是放入某电场中的电荷所受的力，q 是产生这电场的电荷
   C. 式②中 E 是某点电荷电场的场强，Q 是产生此电场的电荷
   D. 式①和式②都只对点电荷产生的电场才成立

三、计算题

1. 在电场中，一个 2.0×10^{-9} C 的点电荷，受到的电场力为 3.0×10^{-5} N，求该点的电场强度。

2. 在点电荷 $Q=3\times10^{-7}$ C 的电场中，求距离 Q 为 10 cm 的 A 点的电场强度大小和方向。如在 A 点放置一个 q 为 1.5×10^{-8} C 的电荷，则 q 受到的电场力有多大？方向如何？

第9章 恒定电流

§9.1 电流与电阻

一、填空题

1. 为了反映电流的强弱，物理学把流过导体某一横截面的________与所用_______的比值叫作电流，公式为__________。

2. 电流的单位是安培，1 A = _______mA = _______μA。

3. 形成电流的条件是：给导体施加_________。或者说，给导体两端施加__________。

4. 在温度不变时，导体的电阻跟它的长度成______比，跟它的________成反比，这叫作______定律，表达式为________________。

5. 根据电阻率的大小，我们把物质分为________、半导体和_________。半导体材料的电阻随温度、光照等外部因素的变化而变化，常见的半导体材料有______、_______等。

6. 部分电路欧姆定律告诉我们，通过导体的电流跟导体两端的______成正比，跟它的_______成反比，表达式为____________。

7. 用伏安法测电阻，有________接法和________接法两种接法。图9—1—1a所示的接法为________，图9—1—1b所示的接法为________。

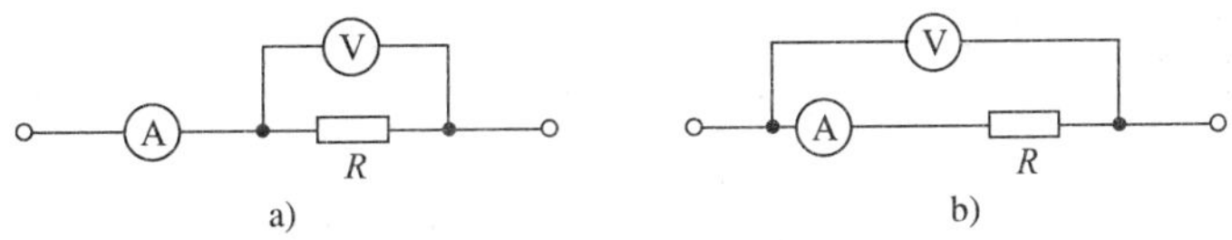

图9—1—1

二、选择题

1. 下列说法正确的是（　　）。
   A. 在导体中只要自由电荷在运动就一定会形成电流
   B. 电流方向就是电荷定向移动的方向
   C. 在电路中电流方向总是沿着从电势高到电势低的方向
   D. 导体中形成电流的条件是在导体两端存在电势差，即电压

2. 关于导体和绝缘体，下列说法不正确的是（　　）。
   A. 自由电子在导体中定向移动时受到阻碍
   B. 超导体对电流的阻碍作用等于零
   C. 绝缘体接在电路中仍有微小电流通过
   D. 电阻值大的为绝缘体，电阻值小的为导体

3. 有甲、乙两根均匀电阻丝，它们的材料和质量均相同，甲长度是乙长度的2倍，则甲电阻是乙电阻的（　　）。

A. 2 倍　　B. 4 倍　　C. 1 倍　　D. 1/2 倍

4. 在温度一定的情况下，关于两根粗细、长短都相同的铜导线和铝导线的电阻，下列说法中正确的是（　　）。

A. 铜导线的电阻大　　B. 铝导线的电阻大

C. 两种导线的电阻一样大　　D. 无法确定

5. 假如我们已制成可供实用的超导材料，那么可用这种材料来制作（　　）。

A. 电炉丝　　B. 电磁铁线圈　　C. 标准电阻　　D. 熔断器

三、计算题

1. 在一根长 $l = 5$ m，横截面积 $S = 3.5 \times 10^{-4}$ m^2 的铜质导线两端加 2.5×10^{-3} V 的电压。已知铜的电阻率 $\rho = 1.75 \times 10^{-8}$ Ω · m，则：

（1）该导线的电阻是多大？

（2）该导线中的电流是多大？

2. 一粗细均匀的电阻丝接在 4 V 电源上，通过的电流为 0.2 A，现将它对折后拧成一股接在同一电源上，则通过它的电流为多大？

§9.2 认识多用电表

一、填空题

1. 多用电表一般可用于测量______和______等多个电学基本参量，其核心部件是表头，而表头就是一个小量程的电流表。从电路的角度看，表头就是一个__________，只不过通过它的电流可以从__________上读出来。

2. 表头 G 的电阻 R_g 叫作表头的______。指针偏转到最大刻度时的电流 I_g 叫作______。表头 G 通过满偏电流时，加在它两端的电压 U_g 叫作__________。

3. 扩大电流表量程时，应该________一个分流电阻；而我们在测量某一电路中的电流时，应将电流表_________在被测电路中。

4. 扩大电压表量程时，应该________一个分压电阻；而我们在测量某一电路两端电压时，应将电压表_________在这一电路的两端。

二、选择题

1. 某学生使用电流表时，根据电路中的待测电流，应选用 0 ~ 0.6 A 的量程，但误将“ - ”和“3”两接线柱接入电路。这样做的结果是（　　）。

A. 指针摆动角度大

B. 指针摆动角度小，读数更准确

C. 指针摆动角度小，会损坏电表

D. 指针摆动角度小，读数不精确

2. 关于电流表的使用，下列说法中不正确的是（　　）。

A. 使用前如果电流表的指针没有指在表盘上的“0”点，要先进行调零

B. 电流表要并联在被测电路中

C. 当电路中的电流不能估计时，要用试触的方法来选定合适的量程

D. 绝不允许不经过用电器把电流表接线柱接到电源的两极上

3. 如图 9—2—1 所示电路，S 闭合后发生的现象是（　　）。

A. 电流表烧坏，灯亮

B. 电压表烧坏，灯不亮

C. 电流表烧坏，灯不亮

D. 两表均未烧坏，灯不亮

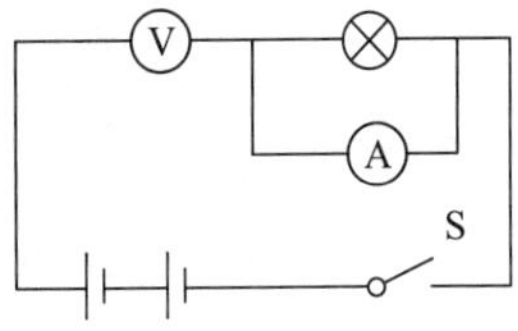

图 9—2—1

三、计算题

如图 9—2—2 所示，试分别读出这个电路中的电流：

1. 总电流。
2. 通过灯 L1 的电流。
3. 通过灯 L2 的电流。

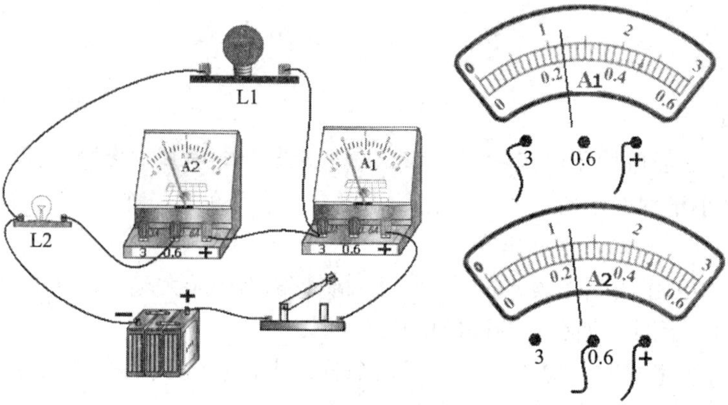

图 9—2—2

§9.3 闭合电路欧姆定律

一、填空题

1. 在电路中能够形成持续的电流，为电路两端提供恒定的电压的装置叫作________。电源两极间电压的大小是由电源本身的性质决定的，电源的这种特性可用________表示。

2. 电源的电动势在数值上等于电源没有接入电路时两极间的________。电动势用符号____表示，单位是________。

3. 用导线把电源和用电器连接起来，就组成了________电路。在闭合电路中，电源外部电路叫________，它包括________和________等。

4. 在闭合电路中，电源内部电路叫________，它的电阻叫________，用____表示；内部电路的电压叫________，用______表示。

5. 闭合电路中的电流跟电源的电动势成________，跟内外电路的电阻之和成________，这个结论叫作__________欧姆定律。

6. 外电路两端的电压叫外电压，又叫__________电压，断路时的路端电压等于电源的________。

二、选择题

1. 电源的电动势为 5 V，外电路的电阻为 4 Ω，内电路的电阻为 1 Ω，则闭合电路里的电流为（　　）。

A. 0.8 A　　B. 1.25 A　　C. 1 A　　D. 5 A

2. 关于电源电动势的说法正确的是（　　）。

A. 电源的电动势等于内外电路电势降落之和

B. 电源的电动势等于路端电压

C. 在电源内，非静电力做功越多，电源的电动势越大

D. 电源两端短路时，电动势为零

3. 如图 9—3—1 所示，电源有一定内阻，当开关 S 闭合时，下列对电流表和电压表读数变化叙述正确的是（　　）。

A. 两表读数均变大　　B. 两表读数均变小

C. 电流表读数增大，电压表读数减小　　D. 电流表读数减小，电压表读数增大

4. 如图 9—3—2 所示，电源有一定内阻，当变阻器滑片向上移动时，下列说法正确的是（　　）。

A. 电压表示数变大，灯 L 变暗　　B. 电压表示数变大，灯 L 变亮

C. 电压表示数变小，灯 L 变暗　　D. 电压表示数变小，灯 L 变亮

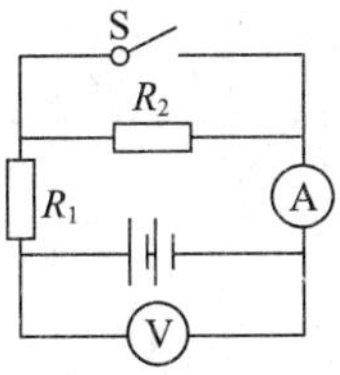

图 9—3—1

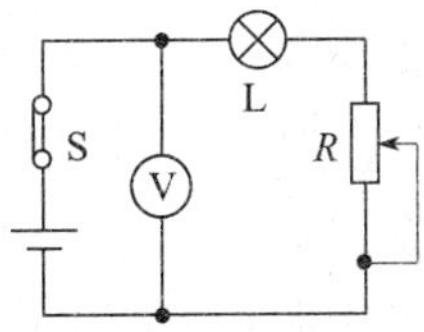

图 9—3—2

三、计算题

1. 电源的电动势为 1.5 V，内电阻为 0.12 Ω，外电阻为 1.38 Ω，求电路中的电流和路端电压。

2. 如图 9—3—3 所示，$R_1=14\ \Omega$，$R_2=9\ \Omega$，只闭合电键 S1 时，电流表的读数为 0.2 A；只闭合电键 S2 时，电流表的读数为 0.3 A。求电源的电动势和内电阻。

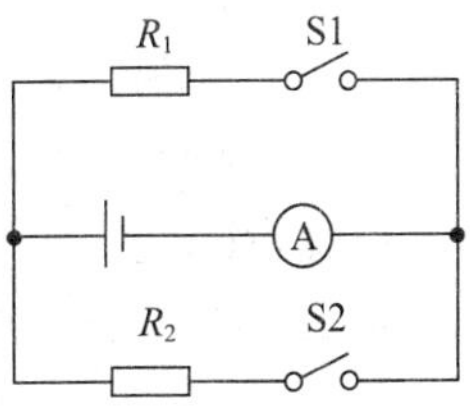

图 9—3—3

§9.4　电路中的能量转化

一、填空题

1. 电流通过一段电路时所做的功叫________。电流在一段电路上所做的功等于这段电路两端的______、电路中的________和通电______三者的乘积，公式为____________。

2. 焦耳定律告诉我们：电流通过导体产生的热量与__________、导体的________和通电_______成正比。它的数学表达式是______________。

3. 1 度电能 = _____kW · h = ___________J。

4. 电流通过电路会发热，当电流通过纯电阻电路时，电流所做的功全部转化为_____能；当电流通过电动机电路时，电流所做的功一部分转化为_______能，另一部分转化为______能等其他形式的能量。

5. 在闭合电路中，电源提供的电能，一部分消耗在外电路上，另一部分消耗在_____电路上，而总能量是________。

二、选择题

1. 下列说法中错误的是（　　）。

A. 电能表是量度电功率的仪表

B. 电功率是量度电流做功快慢的物理量

C. kW · h 不是电功率的单位

D. 电流通过导体消耗的电能越多，不一定电功率越大

2. 把一台电动机接入电压 220 V 的电路中，通过电动机的电流 5 A，电动机线圈的电阻为 2 Ω，1 min 通过线圈的电流产生的热量为（　　）。

A. 1 100 J　　B. 3 000 J　　C. 66 000 J　　D. 50 J

3. 一个标有“220 V　60 W”的电炉，想把它接在 110 V 的电源上使用，而保持原来的功率不变，下列采取的措施中正确的是（　　）。

A. 把电炉丝截去一半

B. 把电炉丝截成等长的两段后再并联起来

C. 把另一根同样的电炉丝跟原来的那根串联

D. 把另一根同样的电炉丝跟原来的那根并联

4. 标有“220 V　25 W”“110 V　25 W”和“36 V　25 W”的三种规格的白炽灯泡，若都正常工作，对灯泡亮度表述正确的是（　　）。

A. “36 V　25 W”最亮

B. “110 V　25 W”最亮

C. “220 V　25 W”最亮

D. 一样亮

5. 如图 9—4—1 所示，虚线框表示一个未知电路，测得它两端 a、b 之间的电阻值是 R，在 a、b 之间加上电压 U，测得这个电路中的电流为 I，则未知电路的电功率一定是（　　）。

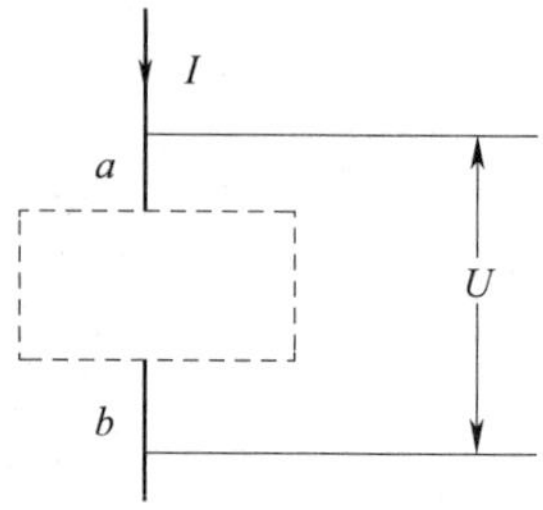

图 9—4—1

A. I^2R　　B. $\frac{U^2}{R}$　　C. UI　　D. I^2R+UI

6. 输电线总电阻为 r，输送的电功率为 P，送电电压为 U，则用户得到的功率为（　　）。

A. P　　B. $P-\left(\frac{P}{U}\right)^2 r$　　C. $P-\frac{U^2}{r}$　　D. $\left(\frac{P}{U}\right)^2 r$

三、计算题

1. 一把电烙铁接在 220 V 的电路中，通过的电流是 350 mA，则通电 1 h 消耗的电能为多少焦？合多少千瓦时？

2. 一个电热水器，工作 10 min，电流做功 30 000 J，这个电热器的电功率是多少？它工作 1 h 消耗多少千瓦时的电能？

3. 一台电动机额定电压是 220 V，额定功率是 1.1 kW，线圈的电阻是 6 Ω。问：

（1）电动机正常工作时的电流是多少？

（2）电动机正常工作时发热的功率是多少？

（3）电动机正常工作时的效率是多少？

第10章　磁　　场

§10.1　从指南针谈起

一、填空题

1. 公元前4世纪的____________中的记载表明，我国古人已经发现了磁石指向______的特性，并发明了指示_______的司南勺。

2. 《史记·封禅书》和《淮南子·万毕术》中的记载表明，当时人们已经发现了磁石同名磁极________、异名磁极__________的现象。

3. 1405—1433年，郑和先后________次下西洋。他率领当时世界上最强大的远洋船队，先后到达了____洲、____洲的三十多个国家，“郑和下西洋”是世界航海史上伟大的壮举。

4. 地球本身是一个巨大的磁体，地球周围存在着____场，这个磁场叫作_______。

5. 地磁场的南磁极（S极）在地理北______极附近，北磁极（N极）在地理南_____极附近。

6. 在地球周围的空间里存在着的磁场叫_____________，磁针静止时总是一端指南，一端指北，这是因为_______________。水平放置的小磁针静止时与_____________的夹角叫作磁偏角。

二、选择题

1. 根据记载，最早观测到了磁偏角的人是（　　）。

A. 哥伦布　　B. 沈括　　C. 郑和　　D. 麦哲伦

2. 小磁针在水平面内静止时，N极指北，S极指南，但又不是正南正北，这个事实说明（　　）。

A. 地球周围空间存在地磁场

B. 地磁两极与地理两极并不重合

C. 地磁的N极在地理北极附近

D. 地磁的S极在地理南极附近

3. 以下关于地磁场的说法中正确的是（　　）。

A. 地球是个大磁体，地理北极就是地磁的北极，地理南极就是地磁的南极

B. 水平放置的小磁针的指向与地理赤道的夹角叫磁偏角

C. 地磁的北极在地理南极附近，地磁的南极在地理北极附近

D. 地磁的北极在地理南极，地磁的南极在地理北极

4. 在地球表面的某位置，发现能自由转动的小磁针静止时，原指北一端必竖直向下，则这个位置在（　　）。

A. 地球赤道附近　　B. 地理南极附近

C. 地理北极附近　　D. 不能确定

三、问答题

1. 简述指南针的工作原理。请你谈谈指南针有哪些应用。

2.《梦溪笔谈》一书提出，指南针的指向“常偏东，不全南”，试说明产生这一现象的原因。

§10.2 怎样描述磁场

一、填空题

1. 磁体在其周围空间产生的一种特殊物质叫作________场，磁体间的相互作用是通过_____发生的。物理学规定，在磁场中小磁针静止时N极所指的方向，就是该点的________。

2. 磁感线可以形象地描述磁场的空间分布，在磁体外部，磁感线从_____极到_____极，在磁体内部，磁感线从______极到_____极，形成一条________曲线。

3. 磁感线的疏密表示磁场的________，磁感线的方向反映磁场的________。匀强磁场的磁感线_____________、____________，并且方向一致。

4. 磁性材料按磁化后去磁的难易可分为______性材料和______性材料。软磁性材料的剩磁______，而且_______去磁；硬磁性材料的剩磁_____，而且________退磁。

5. 一对较大的磁极之间的磁场，除边缘外，内部各点的磁感强度________和________处处都相同。这样的磁场称为匀强磁场。匀强磁场的磁感线互相________，且间隔_______。

二、选择题

1. 下列关于磁场的说法正确的是（　　）。

A. 只有磁铁周围才存在磁场

B. 磁场是假想的，不是客观存在的

C. 磁场是在磁极与磁极、磁极和电流发生作用时才产生

D. 磁极与磁极、磁极与电流、电流与电流之间都是通过磁场发生相互作用

2. 关于磁感线，下列说法中正确的是（　　）。

A. 磁感线上每一点的切线方向都跟该点的磁场方向一致

B. 两条磁感线的空隙处不存在磁场

C. 不同磁场形成的磁感线可以相交

D. 磁感线是磁场中客观存在的、肉眼看不见的曲线

3. 关于磁场和磁感线的描述，说法正确的是（　　）。

A. 磁极之间的相互作用不是通过磁场发生的

B. 磁感线可以形象地描述磁场的强弱与方向

C. 磁感线总是从磁铁的北极出发，到南极终止

D. 磁感线就是细铁屑在磁铁周围排列出的曲线，没有细铁屑的地方就没有磁感线

4. 图 10—2—1 中，正确的画法是（　　）。

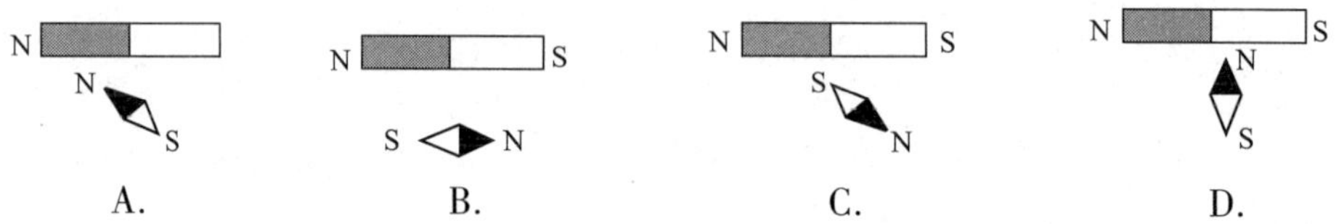

图 10—2—1

5. 把磁铁靠近铁棒，铁棒会被磁化，这是由于（　　）。

A. 铁棒两端出现电荷

B. 铁棒受到磁铁的吸引力

C. 铁棒内的分子电流取向杂乱无章

D. 铁棒内的分子电流取向大致相同

三、作图题

如图 10—2—2 所示，已知小磁针的指向，画出磁感线的方向，并标明磁体的南北极。

图 10—2—2

§10.3　电流的磁场

一、填空题

1. 不仅磁铁能产生磁场，电流也能产生_____场，这个现象称为电流的_________。

2. 通电导线能够产生磁场，产生的磁场方向可用________定则判断。对通电直导线，其磁感线方向跟电流的方向可以这样来判定：右手握住导线，让伸直的拇指方向与电流方向______，那么，弯曲四指所指的方向就是磁感线的__________。

3. 通电螺线管磁场可这样判定：用右手握住螺线管，让弯曲的______所指的方跟电流的方向一致，_______所指的方向就是通电螺线管___部磁感线的方向。

4. 从磁感线的分布可以看出：通电螺线管对外相当于一个____磁铁，它也有______、______两个磁极。

5. 如图 10—3—1 所示，通电螺线管内部中间的小磁针静止时 N 极指向右端，则电源的 c 端为________极，螺线管的 a 端为________极。

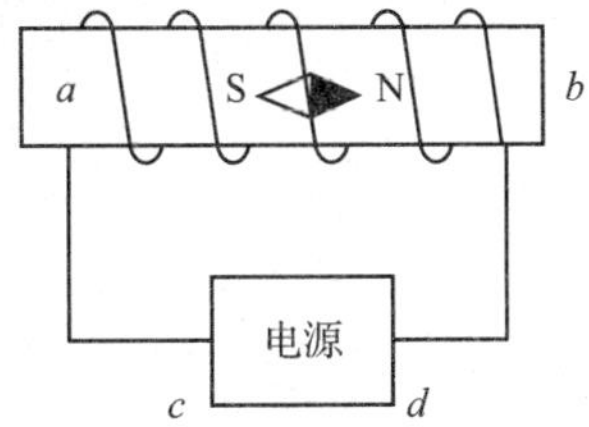

图 10—3—1

二、选择题

1. 首先发现电流的磁效应的科学家是（　　）。

A. 安培　　B. 奥斯特　　C. 库仑　　D. 麦克斯韦

2. 正在通电的条形电磁铁的铁心突然断成两截，则两截铁心将（　　）。

A. 互相吸引　　B. 互相排斥　　C. 不发生相互作用　　D. 无法判断

3. 通电螺线管附近放置四个小磁针，如图 10—3—2 所示，当小磁针静止时，图中小磁针的指向（涂黑的一端为 N 极）正确的是（　　）。

A. a　　B. b

C. c　　D. d

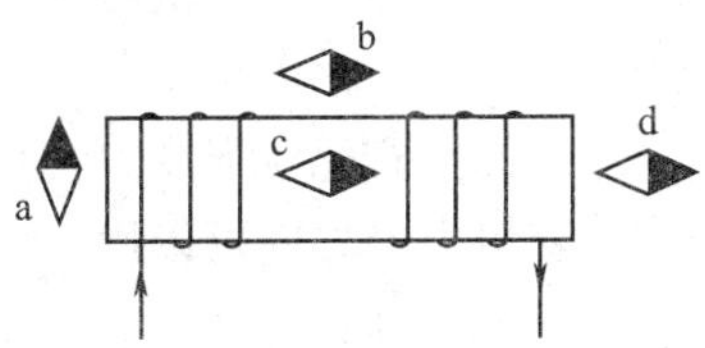

图 10—3—2

4. 根据磁感线方向的规定可以知道，小磁针北极在某点所受的磁力方向与该点的磁感线方向（　　）。

A. 平行　　B. 垂直

C. 相同　　D. 相反

三、作图题

1. 如图 10—3—3 所示，已知通电导线周围磁感线的方向，试在各图中标出电流方向。

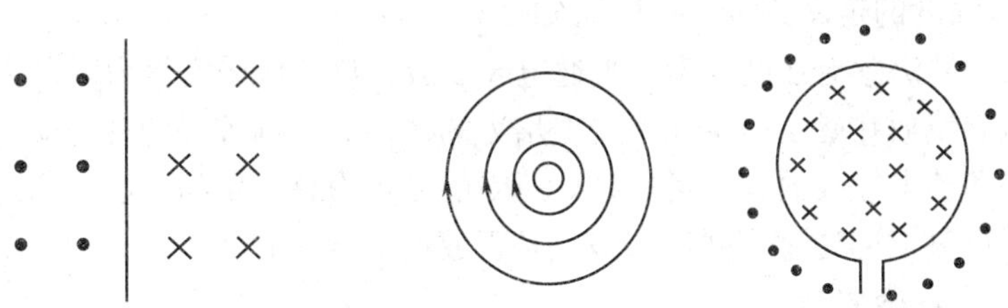

图 10—3—3

2. 试用右手螺旋定则确定图 10—3—4 中磁极位置，以及电源的正负极。

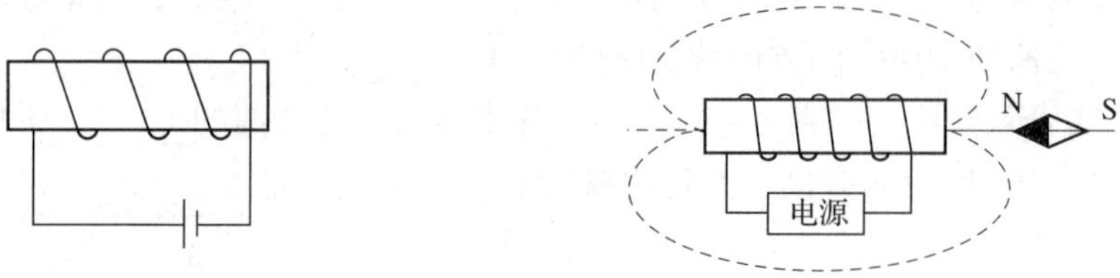

图 10—3—4

§10.4 磁场对电流的作用

一、填空题

1. 我们把磁场对电流的作用力称为__________。导线与磁场方向_______时，电流所受安培力最大；导线与磁场方向________时，电流所受安培力等于零。

2. 当通电导线垂直于磁场方向时，它所受到的安培力的大小与导线中的电流成______比，与导线______成正比，这个规律叫作安培定律。

3. 磁感应强度是反映磁场强弱的物理量。它不仅有大小，而且有__________；它的公式为__________，单位是__________。

4. 我们把磁感应强度 B 与面积 S 的乘积，叫作穿过这个面的________，简称_____。

5. 安培力的方向可以用_______定则判断：伸开____手，使大拇指与其余四指垂直，并且在同一个平面内，让________垂直穿入手心，使四指指向电流方向，那么大拇指所指的方向就是通电导线在磁场中所受________的方向。

6. 通电线圈在磁场中能够________，当线圈平面跟磁感线________时，线圈所受的磁场作用力是一对平衡力。

二、选择题

1. 由磁感应强度的定义式 $B=F/IL$ 可知（　　）。

A. 若某处的磁感应强度为零，则通电导线放在该处所受安培力一定为零

B. 通电导线放在磁场中某处不受安培力的作用时，则该处的磁感应强度一定为零

C. 同一条通电导线放在磁场中某处所受的磁场力是一定的

D. 磁场中某点的磁感应强度与该点是否放通电导线有关

2. 下列说法中正确的是（　　）。

A. 磁感应强度是矢量，它的方向与通电导线在磁场中所受磁场力的方向相同

B. 磁感应强度的单位是特斯拉，$1\ T=1\ N/(A\cdot m)$

C. 磁通量的大小等于穿过线圈单位面积的磁感线条数

D. 磁通量的单位是韦伯，$1\ Wb=1\ T/m^2$

3. 如图 10—4—1 所示，用两根相同的细绳水平悬挂一段均匀载流直导线 MN，电流 I 方向从 M 到 N，绳子的拉力均为 F。为使 $F=0$，可能的方法是（　　）。

A. 施加水平向右的磁场　　　　B. 施加水平向左的磁场

C. 施加垂直纸面向里的磁场　　　　　　D. 施加垂直纸面向外的磁场

4. 如图 10—4—2 所示，为电动机的简化模型，线圈 $abcd$ 可绕轴 O_1O_2 自由转动。当线圈中通入如图所示的电流时，顺着 O_1O_2 的方向看去，对线圈转动描述正确的是（　　）。

A. 顺时针转动

B. 逆时针转动

C. 仍然保持静止

D. 可能顺时针转动，也可能逆时针转动

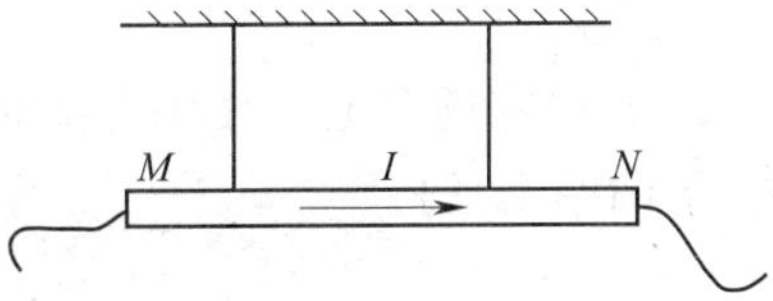

图 10—4—1

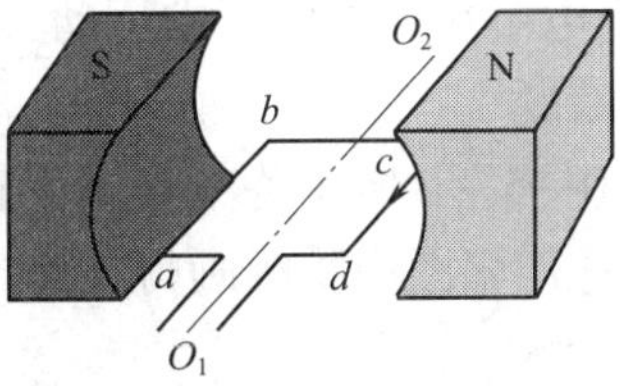

图 10—4—2

5. 对于两根平行的通电直导线间的相互作用力的叙述中正确的是（　　）。

A. 如果它们通以同向的电流，则两导线间的作用是相互吸引的

B. 如果它们通以同向的电流，则两导线间的作用是相互排斥的

C. 如果它们通以反向的电流，则两导线间的作用是相互吸引的

D. 如果一根导线的电流大，另一根导线的电流小，则电流大的导线受到的作用力大

三、计算题

1. 在磁感应强度为 1.2 T 的匀强磁场中，放入一根与磁场方向垂直、长度为 0.4 m 的通电导体，导线中的电流为 5 A，导线沿磁场力的方向移动 10 cm，求：

（1）导线受到的作用力；

（2）磁场力对通电导体做的功。

2. 在垂直纸面向里的匀强磁场中，有一个与磁场方向垂直的边长为 100 cm 的正方形线圈，如果穿过此线圈所围面积的磁通量为 2.0×10^{-4} Wb，求磁感应强度 B 的大小。

§10.5 磁场对运动电荷的作用

一、填空题

1．运动电荷在磁场中受到的作用力叫作________。

2．洛伦兹力方向可根据______定则来判断，只不过把___电荷（流）运动方向看作电流方向即可。

3．一个电子在匀强磁场中运动，在__________情况下不受到磁场力的作用。

二、判断题

1．图 10—5—1 所示为磁场 B、正电荷运动方向 v 和磁场对电荷作用力 F 的相互关系图，试判断这四幅图中哪幅画得正确（其中 B、F、v 两两垂直）。

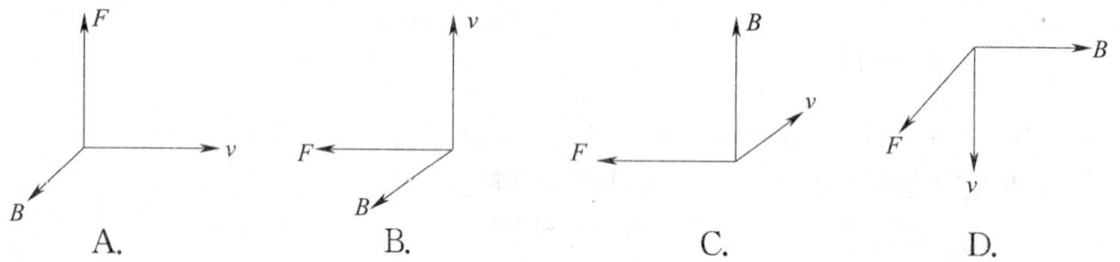

图 10—5—1

2．试判断如图 10—5—2 所示的带电粒子刚进入磁场时所受的洛伦兹力的方向。

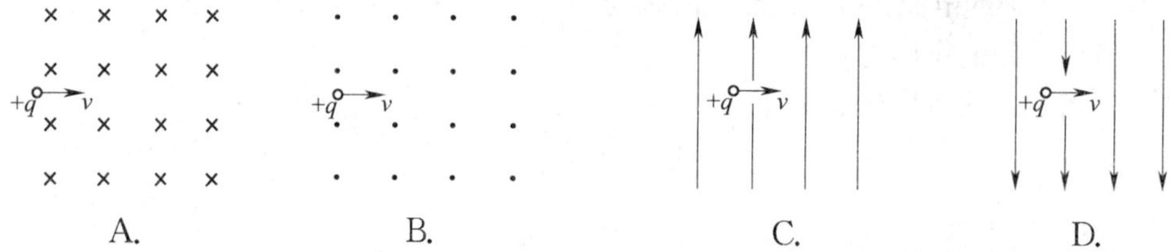

图 10—5—2

三、问答题

阅读下文，回答问题。

美丽的极光一般呈带状、弧状、幕状或放射状，这些形状有时稳定，有时作连续性变化。它们有着五颜六色的光辉，像飘舞的彩带，又像万里长虹。在离磁极 25°～30°的范围内常会出现极光，这个区域被称为极光区或极光椭圆带。其实，极光是地球周围的一种大规模放电过程。极光产生的条件有三个：大气、磁场、高能带电粒子。这三者缺一不可。极光不只在地球上出现，太阳系内的其他一些具有磁场的行星上也有极光。

一种理论认为极光是太阳与大气层合作表演出来的作品。在太阳创造的诸如光和热等形式的能量中，有一种能量被称为太阳风。太阳风是太阳喷射出的可以覆盖地球的高能带电粒子流，其中粒子属于等离子态。太阳风在地球上空环绕地球流动，以大约400 km/s 的速度撞击地球磁场。地球磁场形如漏斗，尖端对着地球的南北两个磁极，由于地磁场的作用，太阳发出的带电粒子沿着地磁场这个“漏斗”沉降，进入地球的两极地区。两极的高层大气，受到太阳风的轰击后发出光芒，形成极光。在南极地区形成的极光叫南极光，在北极地区形成的极光叫北极光。人们看到的极光，主要是带电粒子流中的电子造成的。而且，极光的颜色和强度也取决于沉降的带电粒子的能量和数量。用一个形象比喻，可以说极光活动就像磁层（地磁场分布在地球周围，被太阳风包裹着，形成一个棒槌状的胶体，它的科学名称叫作磁层）活动的实况电视画面。沉降带电粒子为电视机的电子束，地球大气为电视屏幕，地球磁场为电子束的导向磁场。科学家从这个天然大电视中得到磁层以及日地空间电磁活动的大量信息。在极光发生时，极光的显示和运动是带电粒子流受到磁层中电场和磁场变化的调制造成的。

根据以上短文，请回答以下问题：

（1）没有高能带电粒子，人们________（选填“能”或“不能”）看到极光现象。

（2）________在地球的两极地区轰击高层大气而形成了五颜六色的极光。

（3）依据短文中的信息，地球上的极光很难在赤道附近出现，你认为主要理由是________。

第11章　电磁感应

§11.1　探索电磁感应现象

一、填空题

1. 1820年，丹麦物理学家____________发现了电流的磁效应。

2. 法拉第经过无数次试验，经历10年的时间，终于发现__________。

3. 产生感应电流的条件：____。

4. 发现电流磁效应现象的科学家是____________，发现通电导线在磁场中受力规律的科学家是__________，发现电磁感应现象的科学家是____________，发现电荷间相互作用力规律的科学家是__________。

5. 一块条形磁铁在闭合线圈内不动，这时，通过线圈的磁通量______零（填“等于”或“不等于”），但磁通量________变化，闭合线圈内________感应电流（填“有”或“没有”）。

6. 如图11—1—1所示，一条形磁铁与闭合线圈在同一平面内，在条形磁铁靠近闭合线圈的过程中，闭合线圈中________感应电流（填“有”或“无”）。

7. 如图11—1—2所示，一直导线垂直穿过一闭合线圈，则在给导线通电的瞬间，闭合线圈中________感应电流（填“有”或“无”）。

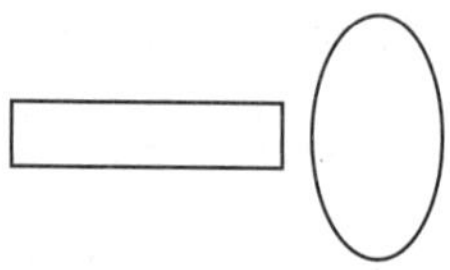

图11—1—1

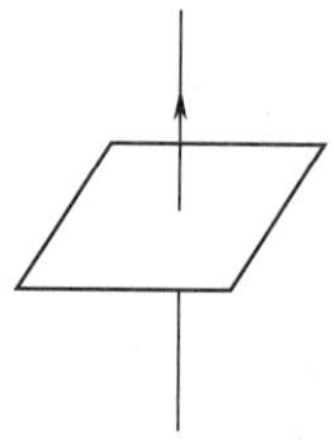

图11—1—2

二、选择题

1. 发电的基本原理是电磁感应。发现电磁感应现象的科学家是（　　）。

   A. 安培　　B. 赫兹　　C. 法拉第　　D. 麦克斯韦

2. 下列现象中属于电磁感应现象的是（　　）。

   A. 磁场对电流产生力的作用
   B. 变化的磁场使闭合电路中产生电流
   C. 插在通电螺线管中的软铁棒被磁化
   D. 电流周围产生磁场

3. 关于感应电流，下列说法中正确的是（　　）。

   A. 只要闭合电路内有磁通量，闭合电路中就有感应电流产生

B．穿过螺线管的磁通量发生变化时，螺线管内部就一定有感应电流产生

C．线圈不闭合时，即使穿过线圈的磁通量发生变化，线圈中也没有感应电流

D．只要电路的一部分作切割磁感线的运动，电路中就一定有感应电流

4．如图 11—1—3 所示，线框水平向右通过有限匀强磁场的过程中，线框中产生感应电流的情况为（线框宽度小于磁场宽度）（　　）。

A．进磁场时有电流

B．出磁场时无电流

C．在磁场中运动时有电流

D．整个过程中都有电流

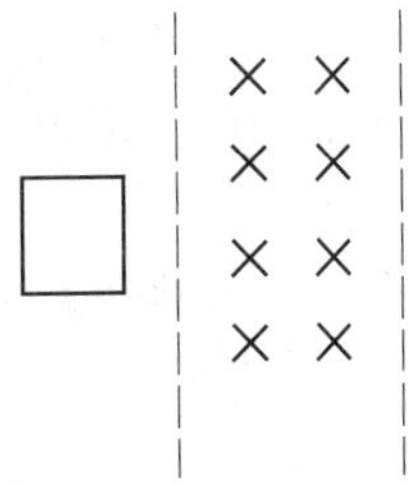

图 11—1—3

三、解答题

如图 11—1—4 所示，竖直放置的长直导线通以恒定电流，有一矩形线框与导线在同一平面内，在下列情况下，试判断线框中是否有感应电流产生。

1．线框向右运动。

2．线框向上运动。

3．线框以导线为轴转动。

4．线框以 ab 边为轴转动。

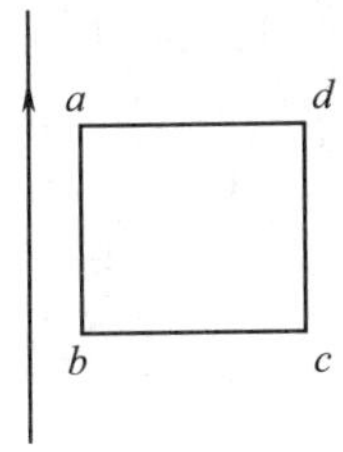

图 11—1—4

§11.2　法拉第电磁感应定律

一、填空题

1．电路中感应电动势的大小，跟穿过这一电路的__________的变化率成____比，这就是法拉第电磁感应定律。

2．在电磁感应现象中产生的电动势叫作__________电动势，产生的电流叫作_______电流。

3．单根导体切割磁感线产生的感应电流的方向可以用_______定则判断；产生的感应电动势的大小等于________、________、__________三者的乘积。用公式表示为____________________。

4．块状金属放在变化的磁场中，金属块内将产生感应_______，这种电流很像水的旋涡，我们把它叫_________。

二、选择题

1．关于感应电动势的大小，下列说法正确的是（　　）。

A．线圈中磁通量变化越大，产生的感应电动势一定越大

B．线圈中磁通量越大，产生的感应电动势一定越大

C．线圈放在磁感应强度越强的地方，产生的感应电动势一定越大

D．线圈中磁通量变化越快，产生的感应电动势越大

2. 穿过一个单匝数线圈的磁通量，始终为每秒钟均匀地增加 2 Wb，则（　　）。

A. 线圈中的感应电动势每秒钟增大 2 V

B. 线圈中的感应电动势每秒钟减小 2 V

C. 线圈中的感应电动势始终为 2 V

D. 线圈中不产生感应电动势

3. 如图 11—2—1 所示，导体 ab 在金属框架上向左匀速移动，则负载 R 上的电流（　　）。

A. 向上

B. 向下

C. 无电流

D. 不能确定

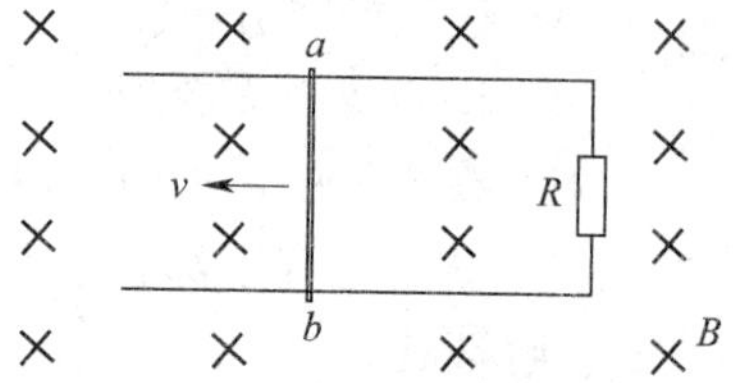

图 11—2—1

三、计算题

1. 如图 11—2—2 所示，导体棒 AB 在金属框 $CDEF$ 上从左向右移动，试判断 E、F 间和 C、D 间的电流方向。

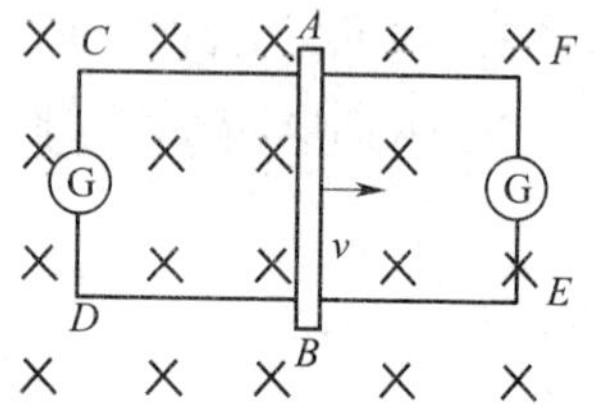

图 11—2—2

2. 一个匝数为 100 匝、面积为 10 cm^2 的线圈垂直磁场放置，在 0.5 s 内穿过它的磁场从 1 T 增加到 9 T，求线圈中的感应电动势。

3. 一架喷气式飞机总翼长为 20 m，在地磁场竖直分量为 4.0×10^{-5} T 的区域中，沿地磁场水平分量方向匀速飞行，速度为 1 000 m/s，求飞机两翼端点之间的感应电动势。

第 12 章　光的折射与应用

§12.1　光 的 折 射

一、填空题

1. 光从一种物质进入另一种透明物质时的传播方向会改变，这种现象叫作________。

2. 折射定律告诉我们：______光线与_______光线、法线处在同一平面内，折射光线与入射光线分别位于______的两侧；入射角的正弦与折射角的正弦成_____比。

3. 折射率反映了媒介质对光的折射程度。当入射角一定时，光线的折射角随着介质折射率的增大而_______。折射率越大的介质，对光线的折射程度也_______。

4. 早晨阳光射到地球上，看到太阳在远方的地平线上，阳光在这时____（填“是”或“不是”）直线传播的，因此，看到太阳的所在位置______（填“高于”或“低于”）太阳的实际位置，这种现象是由于阳光通过了大气层时发生了________而出现的。

5. 古诗词中有许多描述光学现象的诗句，如“潭清疑水浅”说的是光的_______现象，“池水映明月”说的是光的________现象。

二、选择题

1. 插入水中的筷子，水里部分从水面斜着看，以下描述正确的是（　　）。

A. 向上曲折　　B. 向下曲折

C. 没有变化　　D. 与水对光线的反射有关，难以确定

2. 光从空气射入水中，当入射角变化时，则（　　）。

A. 反射角和折射角都发生变化

B. 反射角和折射角都不变

C. 反射角发生变化，折射角不变

D. 折射角变化，反射角始终不变

3.《史记》《梦溪笔谈》中都有海市蜃楼的记载，宋代大诗人苏轼在《登州海市》中也描述过海市蜃楼的奇观。海市蜃楼现象的产生是由于（　　）。

A. 光的折射　　B. 光的反射　　C. 光的直线传播　　D. 光的色散

4. 图 12—1—1 中正确表示了光从空气进入玻璃中的光路图是（　　）。

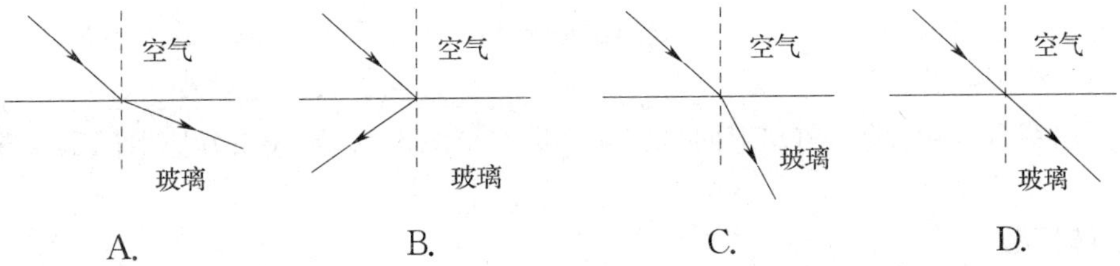

图 12—1—1

5. 如图 12—1—2 所示的光现象中，由于光的折射而形成的是（　　）。

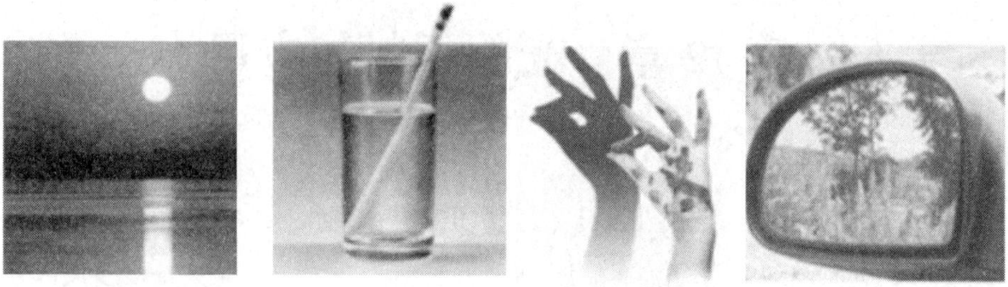

湖面“月影”　杯中“断笔”　墙上“孔雀”　镜中“风景”

A.　B.　C.　D.

图 12—1—2

三、作图题

如图 12—1—3 所示，*OB* 是一束光线由空气射到水面后的反射光线，在图中画出入射光线，标出入射角的度数，并画出折射光线的大致方向。

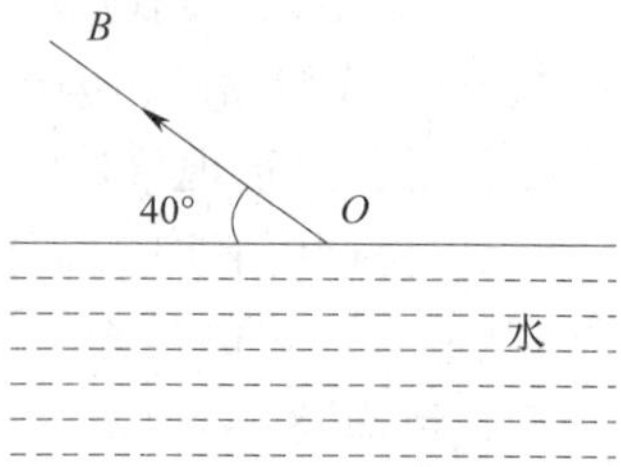

图 12—1—3

§12.2　全　反　射

一、填空题

1. 两种介质相比较，折射率大的叫____介质，折射率小的叫_____介质。光密介质和光疏介质是相对的，例如：玻璃、水、酒精的折射率分别为 1.5、1.33、1.36，酒精相对于玻璃来说是_____介质，相对于水来说是_____介质。

2. 当光线从光密介质射入光疏介质，同时发生折射和反射。当入射角增大到一定角度，使折射角达到______时，折射光线________，只剩下反射光，这种现象叫作全反射，这时对应的入射角叫作______角。

3. 光从介质射入空气时，发生全反射的临界角 C 与介质折射率 n 的关系是________。

4. 发生全反射的条件是：①____________________；②____________________。

5. 光由空气以 45°的入射角射向介质时，折射角是 30°，则光由介质射向空气的临界角是____。

二、选择题

1. 下面四种情况中，能在空气和玻璃的界面上发生全反射的是（　　）。

A. 光从空气射向玻璃，入射角大于临界角

B. 光从空气射向玻璃，入射角小于临界角

C. 光从玻璃射向空气，入射角大于临界角

D. 光从玻璃射向空气，入射角小于临界角

2. 一束光在两种介质的交界面上发生全反射时，下列叙述中正确的是（　　）。

A. 入射光线在光疏介质中

B. 光疏介质中不存在折射光线

C. 界面相当于镜面

D. 入射角小于或等于临界角

3. 水中的气泡看上去比较明亮，对这一现象有以下不同的解释，其中正确的是（　　）。

A. 空气泡对光线有会聚作用，因而较亮

B. 空气泡对光线有发散作用，因而较亮

C. 从空气泡到达水中的界面处的光一部分发生全反射，因而较亮

D. 从水中到达空气泡的界面处的光一部分发生全反射，因而较亮

4. 主截面为等腰直角三角形的三棱镜，临界角为45°，光线从它的一面垂直入射，在图12—2—1所示的 a、b、c 三条出射光线中正确的是（　　）。

A. a　　B. b

C. c　　D. 都不正确

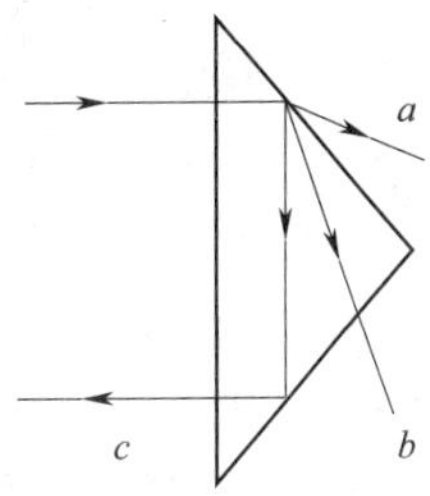

图12—2—1

三、计算题

1. 一束光线从空气射入某种液体，当入射角为45°时，折射光线和反射光线的夹角为105°，求：

（1）这种液体的折射率；

（2）光从这种液体射向空气产生全反射的临界角。

2. 如图 12—2—2 所示，光线以 30°入射角从玻璃中射到玻璃与空气的界面上，它的反射光线与折射光线的夹角为 90°，求：

（1）这块玻璃的折射率；

（2）没有光线从玻璃上表面折射出来的条件。

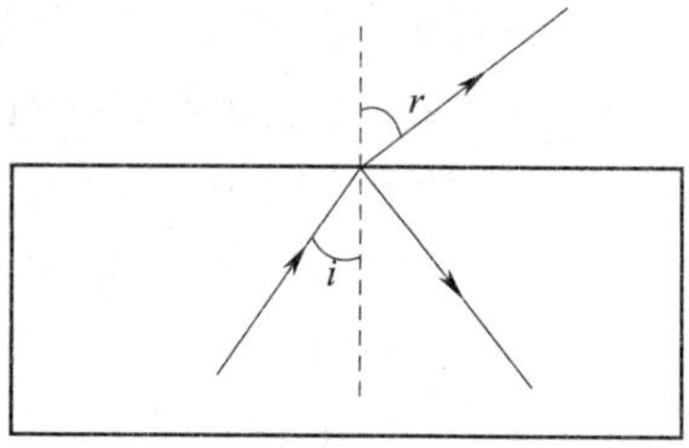

图 12—2—2

§12.3　透镜成像

一、填空题

1. 中间___、边缘___的透镜叫凸透镜，凸透镜对光线有会聚作用，也叫__________。

2. 中间___、边缘___的透镜叫凹透镜，凹透镜对光线有发散作用，也叫__________。

3. 透镜的两个球面都有自己的球心，我们把通过两球心的直线叫作透镜的________，简称____轴。

4. 主轴跟透镜的两面各有一个交点，对于薄透镜来说，这两个交点可以看作是重合在一起的，这一点叫作透镜的______，用______来表示。

5. 平行于主轴的光线，通过凸透镜后会聚于主轴上的一点，这个点叫作凸透镜的______。平行于主轴的光线通过凹透镜后变得发散，这些发散光线看起来好像是从它们的反向延长线的交点 *F* 发出来的，点 *F* 也是在主轴上，叫作凹透镜的______。凸透镜的焦点是____焦点，凹透镜的焦点是____焦点。

6. 从透镜的焦点到光心的距离叫透镜的________，用______来表示。物到镜心的距离叫______，用______来表示。像到镜心的距离叫______，用______来表示。

7. 图 12—3—1 所示是烛焰上 *S* 发出的三条特殊光线，其中 *SA* 经过左侧焦点，*SB* 经过光心。*SC* 平行于主光轴，请画出这三条光线经过凸透镜后的折射光线。

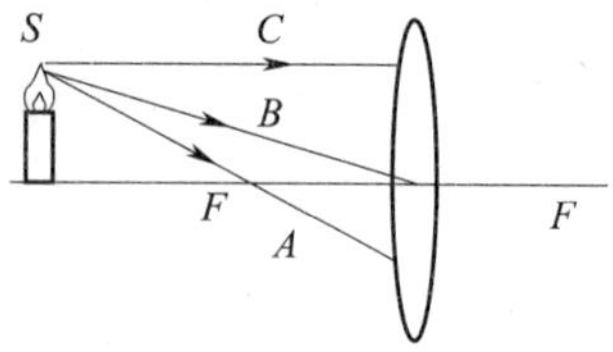

图 12—3—1

二、作图题

通过作图（图 12—3—2 ~ 图 12—3—7），说明凸透镜成像规律：

1. 物在无穷远，像在______________。

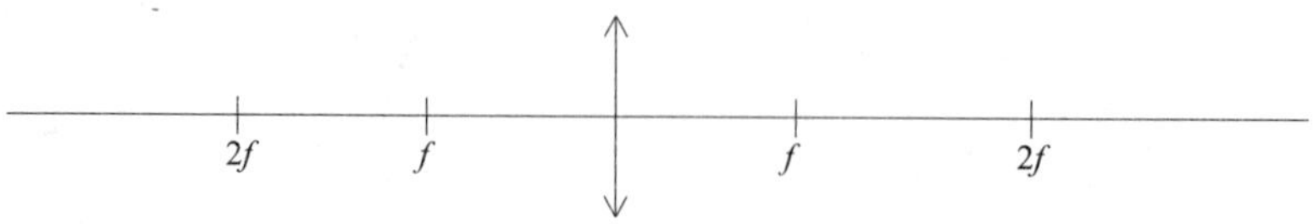

图 12—3—2

2. 物在 $2f$ 外，像在__________。成像性质：___________。

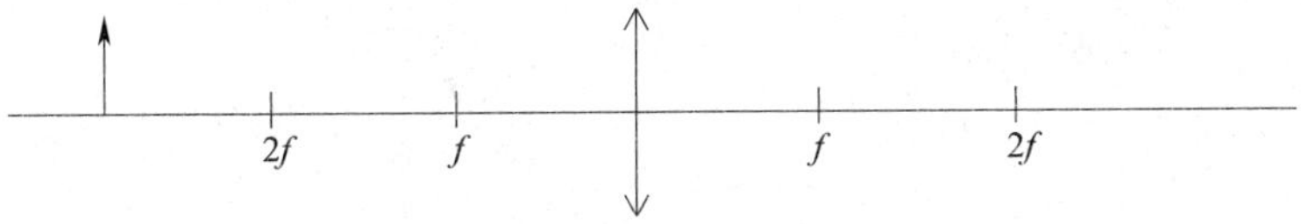

图 12—3—3

3. 物在 $2f$ 上，像在__________。成像性质：___________。

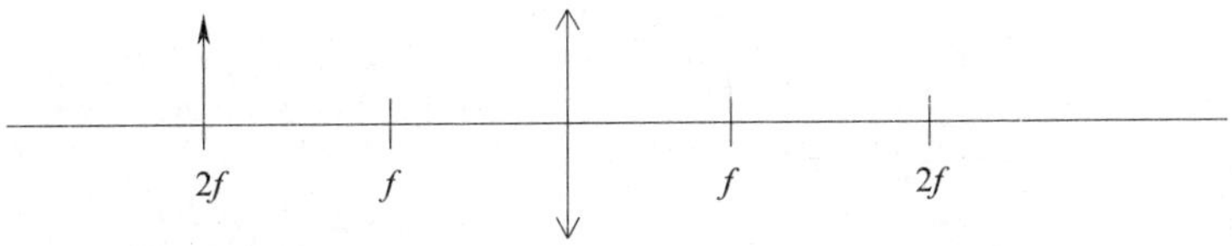

图 12—3—4

4. 物在 f 与 $2f$ 之间，像在__________。成像性质：___________。

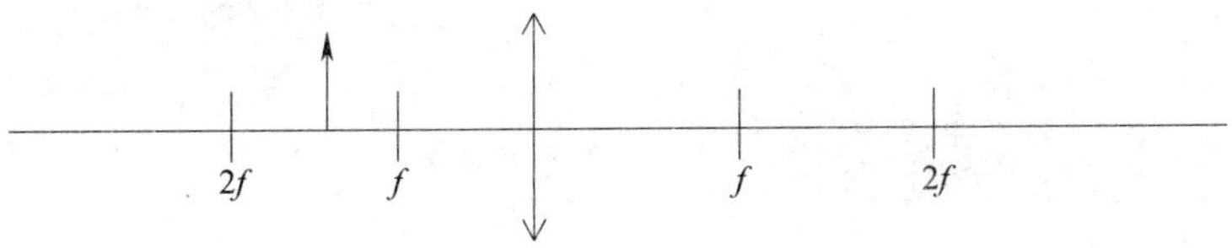

图 12—3—5

5. 物在 f 上，像在无穷远。成像性质：_____________。

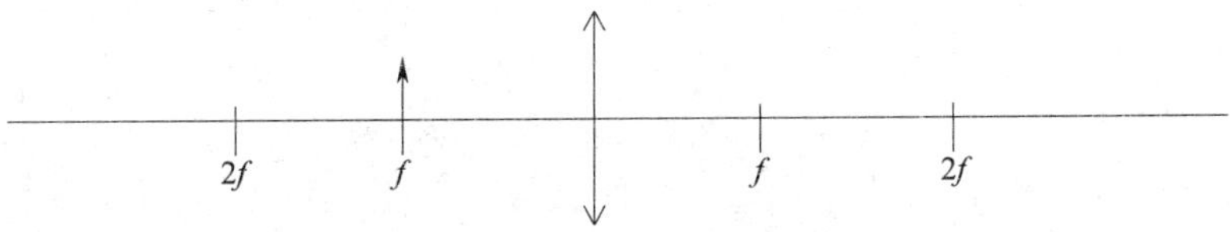

图 12—3—6

6. 物在 f 内，像在__________。成像性质：___________。

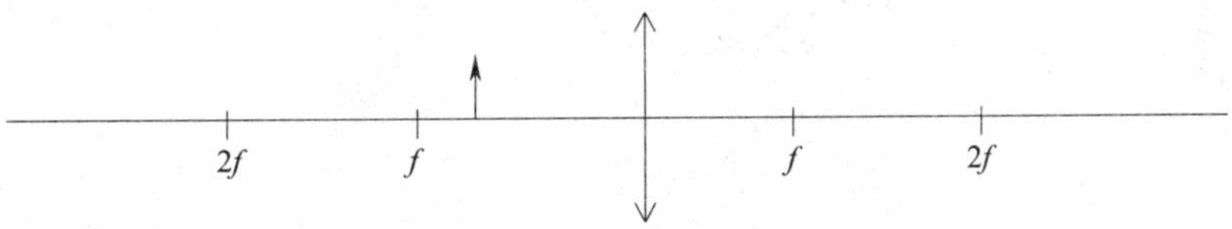

图 12—3—7